公共福祉という試み

稲垣 久和●著

福祉国家から福祉社会へ

中央法規

はじめに

日本は〝経済大国〟、そして国内総生産（GDP）は世界第二位。これはまぎれもない事実でしょう。一億二〇〇〇万もの人口を抱えている国ですから、国民総体としての生産量が大きいのは当然です。例えばデンマークのような国は人口が五五〇万人しかいませんから、国内総生産を指標にとったら、日本と比較しようもない小国です。しかし、福祉国家としての充実度は日本の比ではありません。

二〇〇八（平成二〇）年秋のアメリカ発の金融危機にはじまる経済危機は、日本の社会保障・福祉の弱点を露呈しました。〝派遣切り〟などにあった失業者の人々がいきなりホームレス（路上生活者）になるといった事態は、先進福祉諸国家にはない特徴です。もともと日本の社会保障は、GDPに対する総支出が先進国のなかで著しく低いことで有名でした（第一章参照）。だからいくら〝経済大国〟でも、福祉小国というのが日本の現実なのです。二〇〇九（平成二一）年一〇月二〇日、政権交代後に就任した長妻厚生労働大臣は、国民の貧困層の割合を示す指標である「相対的貧困率」が、二〇〇六（平成一八）年時点で一五・七％だったと発表しました。経済協力開発機構（OECD）が報告した二〇〇三（平成一五）年のデータでは一四・九％ですから（加盟三〇か国のなかで四番目に高い数字。デンマークは五・三％）、この数字は拡大しているということになります。

それだけではなく、特に住宅、失業対策、子ども手当や教育補助など家族給付などへの保障がEU（ヨーロッパ連合）諸国は手厚いことに比べて、日本では極めて手薄でした。その弱点が、まさに〝失業者が即ホームレス〟といった極端な現実をあからさまに露呈したのです。

その一方で、介護等の人をケアする福祉分野の人材面は大変な人手不足であり、介護職の給与も十分に保障されていません。これでは、どうみてもまともな先進国とはいえないのではないでしょうか。日本の福祉改革は、制度面を小手先で改善する以前に、まず人間を大切にすることからはじめ、社会保障をも含む福祉思想の面で根本的な転換を必要としていると考えます。

本書は福祉社会をつくるための思想の本です。筆者は、日本の今後の福祉に対して全く新たなアプローチを展開し、これを公共福祉の名で呼ぼうと思っています。鳩山新政権の掲げた「新しい公共」に基づく福祉です。実は、そのきっかけは二〇〇〇（平成一二）年の社会福祉基礎構造改革（社会福祉法改正）、いわゆる措置制度（行政が決定）から契約制度（利用当事者が決定）へという変遷にあります。この改革は、福祉の程度というよりも福祉を支える日本の民主主義の意識のあり方にとって、極めて重要な出来事でした。にもかかわらず、その意味が社会に十分に浸透していません。もし、この点の理解が不十分であれば、「新しい公共」はただちに「古い公共」へと逆戻りしてしまうでしょう（「古い公共」については一六三頁参照）。

福祉は人間の問題です。公共福祉という言い方は公共、すなわち「共に」に力点が置かれています。人が共に生きる、共に支え合う、共に助け合う…。その主役は地域に生きる人間ないしはコミュニティ、または〝ご近所〟、支え合いのネットワークと連帯ということです。ですから国家という大きな装置は背後に退きます。ところがこれまでは「福祉国家」という概念が強くあり、福祉は国家がやるものだ、と思い込んでいました。国家に過剰の期待がありましたし、国家が決める法律も一律なものでした。

そういう意味で本書は、まず国家的と公共的との違いを詳しく述べます。そののちに、初めて福祉における「国家」の役割が出てきます。従来の国家による福祉（措置制度）を公福祉と呼ぶならば、公共福祉とは契約制度のもとでの地域主権そして領域主権（生活者領域の主権）の福祉です。これまで「年金」や「医療保険」などに対して、福祉の公私ミックスという言葉が使われていました。これをさらに哲学として拡大して、公と私の中間に公共という媒介概念を置いて福祉を考え直そうということです。

公共的な事柄に経済の問題は欠かせません。福祉は財源が重要ですので、経済ないしは「金の流れ」をどうみるかは大切です。市場経済と経済成長、そして国家の税源のみですべてをみていた時代から、「共に生きる」「共に支え合う」「共に助け合う」経済、連帯経済、友愛経済のようなものが見直されてきています。経済が成長すれば福祉が手厚くなる、というのは幻想です。

市場経済は「私」的利益の追求が前提になっていました。利益再配分としての国家の役割はそのあとです。しかし、今後、「共に」豊かになる経済を目指すとしたら、それは福祉の精神を理解した経済であるに違いありません。企業が利益追求を主とした時代から、社会的責任を自覚した時代へと脱皮していくことも求められています。特に福祉をテーマにした企業は「人」を大切にすることにおいて、その最前線にある組織体であります。「人をケアする仕事」のプロとして、その企業モラルのあり方が一般企業に影響することが期待されます。

こうして友愛と連帯に基づく「公共福祉」は、単に福祉の世界のみならず、今後の日本に生きる市民たちの喫緊の課題になってきています。以下、簡単に本書の内容を説明しておきましょう。

序章では、公共福祉という新しいアプローチの骨格を記します。第一章では、福祉の現時点の問題を探り出し、福祉資本主義の三類型、ないしは四類型の意味を西洋のキリスト教の歴史から跡づけて、日本の場合と比較して「契約制度」の今後を考えます。第二章はケアワークや介護を支える市民的モラルの今後のあり方を探ります。そのために、これまでの倫理学の根本的な転換を提示します。第三章は「公共」という言葉と概念を基本から考え直します。これまでの日本での公共哲学の研究成果を使います。第四章は「国家」という古くて新しい言葉について精査し、二一世紀の福祉への役割を示唆します。これによってこれまでの国主導の「福祉国家論」ではなく、市民主導の「福祉社会論」に移行すべき理念が明らかになることを望みます。終章はそれを、市民と行政の協働による公共福祉という概念にまとめていきます。

新たな試みが、読者の方々の今後の福祉についての構想の刺激となり、自由闊《かっ》達な議論を喚起できればよい、というのが筆者の願いです。忌憚のないご批評が頂ければ幸いに思います。

二〇一〇年五月　稲垣久和

目次・公共福祉という試み——福祉国家から福祉社会へ

序章

公共福祉という試み

医療と生活

最初からシモの話になって申しわけないのですが、筆者が介護関係の本を読んでいて強烈なインパクトを受けた一文です。

「排泄は全身の姿勢や動作を背景とし、神経機構の共働によって行なわれる。(1)」

排泄、つまり排便や排尿という日常生活上の当り前の営みが、「神経機構の共働」とはややビックリする表現です。しかし、いわれてみればそのとおりでしょう。生理現象はみなこのようなものであるはずです。「共働」とはとても含蓄の深い言葉です。日常的で習慣化した行為がどれもこれもまさに「全身の姿勢や動作を背景とし、神経機構の共働によって行なわれる」、これは間違いありません。「共働」すなわち「共に働く」、これは社会的な行為にもみられる大切な用語です。

さて、このような生理的に必然の行為が、病気になると失われます。例えばギックリ腰。普段の歩くという当り前の行為すら苦しくなる、という経験をした人もいると思います。

ところが高齢者の場合は話が全く違います。病気にならなくても体の機能は衰えます。高齢者が施設に入り、寝たきりになり、やがてオムツをあてるのが日常化してきます。すると、「たれ流し」になって排泄の感覚がなくなってしまいます。では排泄感覚がなくなるのは、大脳の前頭葉の排泄機能関連神経細胞が損傷を被ったためでしょうか。それとも「神経機構の共働」が失われた病理現象なのでしょうか。

いや、そうではない、と竹内孝仁医師は言います。同氏の著書『医療は「生活」に出会えるか』には、「オムツはずし戦略」をある特別養護老人ホームで実施して、ついに「オムツ・ゼロ」にまで成功したことが書かれています。冒頭の一文は実はこの本からの引用です。

この本は、竹内医師が一九七三（昭和四八）年に初めて特養を訪れたときの体験からはじまります。

「寝たきり老人」に対して寮母たちは「褥瘡《じょくそう》」（床ずれ）を防ぐため「二時間おきの体位交換」をまじめに実行した。おむつ交換後の皮膚の清潔にも気を配る。しかし現実には「褥瘡」はどんどん大きく深くなり、ほかの場所にも飛び火する。「寝たきり—おむつ—褥瘡—拘縮」の悪循環があった。しかしやがて体位交換による褥瘡予防は「急性期の患者」への処方であったことに気づく。急性期というのは、つまり治ればすぐに退院してしまう患者ということだ。長く入院暮らしすることは想定されていない。しばらくの入院であれば、「二時間おきの体位交換」もそんなに手間ではない。

ただ、もし仮に急性期であっても座らせることが可能であれば、褥瘡はできなかった。したがって思い切って座位をとらせる、すなわち座るということをやってみた。そうすると、体位交換などしなくても褥瘡はできなかった。

そこで、竹内医師の主張はこうです。「特養にいる少数の看護師、医師、理学療法士は専門家と呼ばれてはいても、ひと皮むけば「病院における専門家」なのであって、病院を離れた生活の場のことについては知らない。医療は生活のプロセスに付き合っていけるほどに、長期的な手立ては身につけていない[2]」と。そして次のように言います。「したがって医療における専門家も、まったく無力な存在となってゆき、その教科書的知識と技術は無残にも破綻していく。結論的にいえば、生活と人の人生に立ち会って、そこに生ずるさまざまなことに回答を与えられるものを、現在の医学や看護学は持ち合わせていない、ということになる。そうだとすれば、新しい概念と方法論が発見されるべきであった[3]」。

医学の専門家である医者からこういう言葉が発せられるとはただごとではありません。

その特養では、やがて、座位から車いすへ、そして歩行訓練を経て全員が食堂に行って食事をするようになった、とのことです。ベッドで寝たまま食事を与えられていた状態から、皆が食堂で話をしながら食事をする。人間らしい生活が戻ってきた。コミュニケーションが回復したのです。

寝たきりのままでは、排泄機能が弱るのは当然でしょう。そもそも物や水が上から下へと落ち、流れていくのは重力の作用です。横たわっているよりは座っているほうが、たまった排泄物は下に流れ、脳に刺激信号を送って排泄行為を取らせやすい。寝たきりではこの刺激も鈍るわけです。「排泄は全身の姿勢や動作を背景とし」とはこういうことです。しばしの訓練ののち、ついには、行きたいときに自分でトイレに行けるようになり、オムツがはずれるようになりました。

排泄感覚がなくなるのは感覚能力の「廃用症候群」、つまり使わないから機能が失われるのであって、リハビリで取り戻せるということです。これは自然治癒力を利用したリハビリということです。それは「オムツはずし戦略」の成功から得られた経験知です。この過程で竹内医師が経験したことは、これまでの「医学」の知識は「生活」上の事柄にはほとんど役に立たない、ということでした。次はその反省の弁です。

「あらゆるものが含まれ、相互に複雑な仕組みの中に統合され、一つのまとまりのあるものとして成り立っている「生活」は、その複雑さゆえに飢えや病にも脅かされやすい。医学はそのうちの病を〝取り出して〟、それを治すことで小宇宙の秩序を回復しようとしてきた[4]」と。「生活の複雑さ」、含蓄ある言葉です。

右のエピソードから得られる知恵は、豊かな実践哲学を与えてくれます。医学は純然たる科学です。科学は「全体からある部分を取り出し、詳しく分析すること」に特徴があります。生活という全体から「病という部分だけを取り出す」。それゆえ、医学は生物科学の飛躍的な発展を踏まえ、高度技術の導入も含めて大いに発展してきました。これが人類の生命維持に果たしてきた役割は、説明の必要のないほど明らかでしょう。ただ、科学をもって全体は語れないのです。日常生活とは部分ではなく、それ自身が日々に全体なのですから。

したがって、科学としての医学はそのままでは日常から遊離しているのも事実です。そもそも科学とは、日常の「生活世界」から離脱した抽象的な世界での理論構成です。だから医者が医学から得た抽象的な科学的知識が、具体的な患者の日常の生活の一こま一こまで発症する症状に当てはめられるには、患者と医者の間での密接なやりとり、つまり医療行為が必要なのです。医療行為を経て医学的知識は患者の症状に適用されます。だから「医学」と「生活」の間にははじめに大きなギャップがあり、これを埋めるのが「医療」です。

医学はもともと、人の生活上に起こる病気を治すための学問として発達したはずです。ところが、医学が科学として自立する過程で、生きている人そのものを忘れてしまいました。本当は、

生活→医療→医学

の流れがあるはずなのですが、実際にはそうなっていません。医学が生活から切り離されて研究されています。極端にいえば、患部という部分を見て、人という全体を見ない、そんな医学になっています。

生活が強固な制度に取り込まれる

このような生活と医学の遊離という現象は、筆者が福祉と社会科学の問題を探っていたときに、大いなるインスピレーションと示唆を与えてくれました。福祉と社会科学の間にも、似たような遊離の現象があるからです。問題は医学や社会科学そのものというよりも、科学のもとになっている考え方、つまり広い意味での哲学の問題なのです。そして、しいていえば、そのような反省を経た哲学は、学派でいえば現象学ということになるでしょう。

「生活」という言葉は、現象学の開祖フッサールによれば、「生活世界」(Lebenswelt)という専門哲学

用語に要約されます。「生活世界」とは人々が生きているありのままの世界です。そして「生活世界」は、筆者が携わってきた公共哲学においてもキーワードの一つです。日常においても、生活世界は洋の東西を問わず、最も基本の概念です。西洋でもアジアでも南米でも、人々には生活世界があるはずです。ところが、特に先進諸国で、この「生活世界」が壊れかけているのです。

いわゆる「近代化」という流れのなかで、人と人とのつながりが、ふれ合いの世界が、人情の世界が

現象学・フッサール

フッサール（一八五九～一九三八年）はドイツのユダヤ系哲学者。著書に『論理学研究』、『純粋現象学と現象学的哲学のための諸構想（イデーン）』、『ヨーロッパ諸学の危機と超越論的現象学』などがあり、現象学運動を主導した。その提唱になるエポケー（判断中止）、ノエマ＝ノエシス（知覚の対象的契機＝作用的契機）、生活世界、相互主観性などの概念は、とりわけシェーラー、ハイデッガー、サルトル、メルロ＝ポンティらに受け継がれ、さらに精神医学、社会学、言語学など人間諸科学全般に深い影響を与えた。客観的世界の内部過程とみる自然主義的前提を排し、あくまで意識に与えられる現象とその構造の記述のみが目指される。特に、実証主義的科学にとって前提となっている自然的世界の数学的構成によって、人間のありのままの生活世界が覆い隠されるので、そのエポケーが必要である、と主張する。

失われてきているのです。生活の場が科学的な方法、合理的な方法に置き換えられてきています。合理的な世界では、〝効率〟を重視して、何ごとも数値に置き換えられています。〝数値目標〟はさまざまな分野で取り入れられ、わかりやすくはなりますし、組織の運営上は不可欠にもなっている考え方でしょう。しかし、これが日常の生活世界とマッチしているとは限りません。

また、他方、合理的な方法は、法律によって一律に縛っていくやり方を生み出しています。総じて組織化された世界は「制度」に絡め取られることになります。別の言い方をするならば、「生活世界」が極めて強固な「制度世界」に対峙させられています。

今日、この「制度世界」はグローバルに権力と貨幣、科学技術の力によって特徴づけられ、この「制度世界」によって人々の「生活世界」は著しく侵食されています。このままいくと人々の生活世界を破局に追いやることが予感されていました。

そして、ついにそのときがやってきてしまいました。実際、「制度世界」の象徴のようなアメリカ・ニューヨークのツイン・タワーが崩れたのです。それがテロ行為で轟音とともに崩壊したときから、世界は戦争のなかに巻き込まれました。またその七年後、〝金融工学〟に踊らされた、ウォール街の貪欲な投機マネーが音を立てて破綻したのです。そのときから、世界は同時不況に放り込まれました。日本にもたくさんのホームレスを生み出して、人々の「生活世界」を破壊してしまいました。

「生活世界」と「制度世界」のギャップはあまりにも大きく、現代人に大きなストレスを与えています。

では、この「制度世界」の典型である「権力」と「貨幣」「科学技術」のあまりに過剰な力、これを跳ねかえすには、いったいどうすればいいのか。

それには「生活」に根を張った主体的な市民、自覚した市民が立ち上がるほかはない、というのが筆者の考えです。

そういうわけで「生活」という日常の言葉に込められたニュアンスは、哲学的に極めて重いのです。われわれはいかにして人間らしい「生活世界」を回復できるのか、このような生活世界から外の「世界」にどのように意味を見いだし幸福な社会を建設していくのか、この理論と実践が筆者の追求してきた「公共哲学」です。この公共哲学に基づいた福祉のあり方が筆者の主張する「公共福祉」です。以下、そのための認識論を示しましょう。

生活世界の回復へ

専門哲学のレベルでいうならば、一九三〇年頃に唱えられた現象学はヨーロッパ大陸哲学の歴史では、フッサールの弟子のハイデッガーやガダマーによって解釈学へと発展していきます。筆者は「生活世界の回復」のための哲学を、創発的解釈学という名で呼んでいます。それは主体の意識が世界の意味を読み取っていくような認識論・存在論をもち、他者との間で絶えずコミュニケーションしつつ、ケアしケアされることを目指す倫理学をもっています。

「主体の意識が世界の意味を読み取る」とはどういうことか、それを「生活世界」との関係で簡単に説明すると以下のようです。詳しくは第二章で説明しますが、二〇〇一年にＷＨＯ総会において採択されたＩＣＦ（国際生活機能分類）の概念を用いて述べてみましょう。
ＩＣＦとは、人間のあらゆる健康状態に関係した生活機能状態から、その人を取り巻く社会制度やさ

ICF

International Classification of Functioning, Disability and Health（生活機能・障害・健康の国際分類）を縮めてICF（国際生活機能分類）と呼んでいる。二〇〇一年にWHO（世界保健機関）の総会で採択されたもので、一九八〇年のWHO国際障害分類（ICIDH）の改定版である。ICFは人が生きる包括的な世界のなかで障害を位置づけていて、健康とは、単に病気がないということではなく、「生活機能」全体が高い水準にある状態、という健康観に立っている（下図参照）。

図１　ICF（国際生活機能分類）モデル

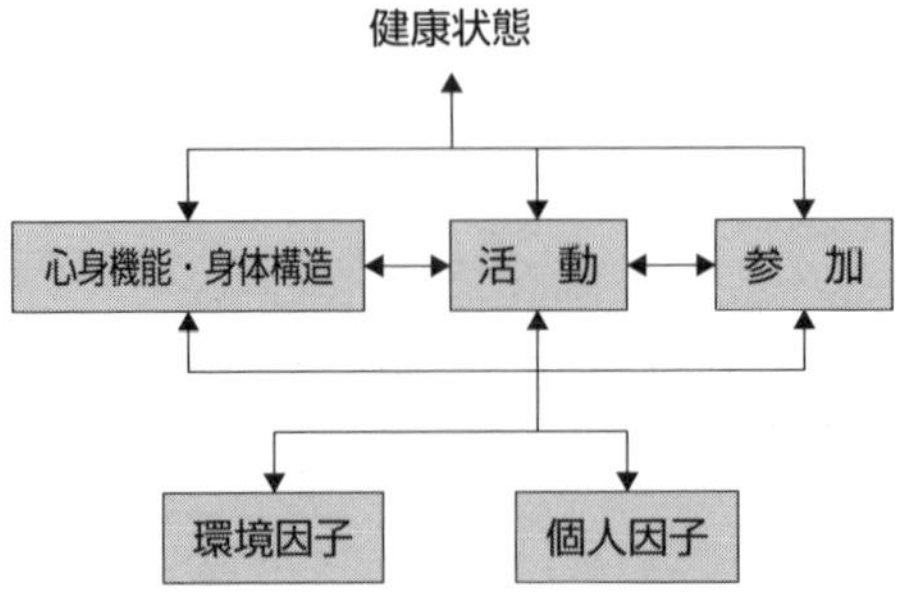

まざまな社会資源までを細かく分類して表現しようとする試みです。生活機能を階層的に「身体構造・心身機能」「活動」「参加」の構成要素間の相互作用とみて、それに影響を及ぼす「背景因子（環境因子、個人因子）」を考慮します。実際に「分類」される数は一五〇〇項目にも及んでいます（アルファベットと数字の組み合わせで項目分類している）。この分類は国際障害分類（ＩＣＩＤＨ）の改定版であって、医療・看護・福祉の共通言語となりつつあるもので、リハビリや介護には欠かせない分類です。

いまこのＩＣＦの考え方の大枠を少し修正して、哲学として「主体の意識が生活世界の意味を読み取る」ことに応用しましょう。つまり、私は世界を意味の世界として下から「身体構造・心身機能」「活動」「参加」という階層構造で読み取っている、と。例えば「オムツはずし」に成功した事例は以下のようにして説明できます。

ある人の排泄がオムツ着用になったのは「身体構造」が変形したわけではなく、寝たきりという体位のゆえに起こった。その体位が前頭葉の神経機構への刺激を弱めてその共働を妨げて「心身機能」を低下させた。しかし、「身体構造」と「心身機能」を考慮したリハビリにより機能が回復し、オムツがはずれたことにより、その人の「活動」は、トイレや食堂にも自由に行くことができるほどに広がった。互いのコミュニケーションが回復した。それだけではなく、やがて外にハイキングに「参加」できるまでに社会復帰も果たした。

人間の生活を「身体構造・心身機能」「活動」「参加」の構成要素間の相互作用としてみることにより、トータルに生活世界に意味を読み取る枠組みを与えることができるようになります。

実はＩＣＦには、「分類」項目が多々あるなかで、「活動と参加」とまとめられた一つに「コミュニティライフ、社会生活、市民生活」という項目があります。そこに「宗教とスピリチュアリティ」（ｄ九三〇）が含まれています。説明文には「自己実現のため、宗教的またはスピリチュアルな活動、組織化、儀礼に関与すること。意味や宗教的あるいはスピリチュアルな価値を発見すること。神的な力との結びつきを確立すること」とあります。「例えば、教会、寺院、モスク、シナゴーグへの出席。祈り、宗教的目的のための詠唱、精神的瞑想」と書かれています。[5]

また「環境因子」のなかの「生産品と用具」のなかには、「宗教とスピリチュアリティ儀式用の生産品と用具」（ｅ一四五）という項目も立てられています。[6] こうして人間の生活や健康（well-being）には、国際的基準のなかではスピリチュアリティが関係するのは当たり前になっています。これが世界のスタンダードなのですから、日本だけがこれをかたくなに拒否することはできません。もしそうなれば、世界の潮流から取り残されることになりかねません。しかし残念ながら、実際のところ、日本の福祉は国主導で進められてきたために、法的規制が強く、今のままでは世界の潮流がいうところの「生活の質」から取り残されているのが現実です。

そして、このスピリチュアリティを考慮した国際生活機能分類と、「生活世界」から出発する現象学・解釈学のアプローチは深く重なっています。実際、ＷＨＯの健康の概念が、それを明確に示しています。これまで「身体的・心理的・社会的によい状態（well-being）」という健康の定義が与えられていました。しかし、その後、一九九九年のＷＨＯ総会で「身体・心理・社会的・スピリチュアルによい状態」と広げられて提案されました（筆者の主唱する四世界論参照。第二章図2-2参照）。ＷＨＯの各種文書は、ＩＣＦもそうですが、このようにして健康を定義するのが普通になっています。スピリチュアルによい状態とは「生きる意味」が与えられているということです。日本でもこれを受けてターミナル・ケアなどにスピリチュアル・ケアが取り入れられ、今日では「スピリチュアル・ケア学科」を置く仏教系大学も出てきています。スピリチュアル・ケアはターミナル（末期がんなどの終末期）だけでなく、自殺者が連続一二年にわたり三万人を超える現代日本で、自殺者予備軍や遺族を含めると膨大な数の人々がこれを必要としていることを理解すべきです。

ケアは「身体構造・心身機能」「活動」「社会参加」、そしてスピリチュアルなものにまで及んでいます。この視点に立って、福祉学を新たに「ケア学」として展開することが必要になっています。以下、本書でそれを順々に述べていきましょう。

●引用文献

（1）竹内孝仁『医療は「生活」に出会えるか』医歯薬出版、一九九五年、八二頁
（2）前掲書（1）、一三頁
（3）前掲書（1）、一三頁
（4）前掲書（1）、五七頁

（5） 障害者福祉研究会編『ICF国際生活機能分類――国際障害分類改定版』中央法規出版、二〇〇二年、一六六頁
（6） 前掲書（5）、一七五頁

●参考文献

・竹内孝仁『医療は「生活」に出会えるか』医歯薬出版、一九九五年
・障害者福祉研究会編『ICF国際生活機能分類――国際障害分類改定版』中央法規出版、二〇〇二年
・稲垣久和『宗教と公共哲学――生活世界のスピリチュアリティ』東京大学出版会、二〇〇四年

第1章 福祉について考える

1 日本の福祉――構造改革のゆくえ

日本の福祉の程度

福祉の福は幸福の福、祉も「神が止まること」、つまり「しあわせ」を意味します。福祉とは、一般に幸福をつくることです。ただ、人間は一人で幸福をつくれませんから、助け合うことが大切です。特に弱いときには助けられる、ケアされることが必要です。福祉、すなわち何らかの形でケアされる生活は、本来、家族や地域共同体のなかで営まれていました。それが文明の発達のなかで次第に国家の役割に移行しました。戦後の先進諸国では福祉国家論が盛んに議論され、福祉の度合に応じた援助技術論も精密になってきました。戦後の日本の福祉も、福祉国家論という位置づけで国主導（措置制度）からスタートしていました。これは当然、福祉の意識が官僚組織のなかに組み込まれることを意味します。しかし、それがいま複雑化した市民の現実の「生活」に合わなくなってきています。今日の市民生活には、弱者のみならず、多くの人々が相互にケアを必要としてきています。

ケア学という視点からみれば、医学にいえたことは類比的に、福祉学にもいえることです。つまり序章で示した「生活→医療→医学」に対応して、

生活→地域福祉→福祉学

の流れがあると考えられます。

冒頭の竹内医師の「排泄は全身の姿勢や動作を背景とし、神経機構の共働によって行なわれる」の文の表現を借りて説明してみましょう。排泄とは、必要な食物を摂取したあとの体内で栄養分を吸収して老廃物を体外に出す、という一種のフロー（流れ）の概念です。ですから社会の動態構造、特に経済の面での金の流れにも応用できることになります。「全身の姿勢や動作」とは福祉でいえば社会的資源、インフラ整備ということです。「神経機構の共働」とはまさに、人と人のつながり・共働、組織と組織の共働（協働）にほかなりません。特にここでは「私」と「公」の共働（協働）を公共と呼んでみると、まさに筆者が提唱する公共福祉という考え方につながります。つまり「福祉は社会的資源を背景として、『私』と『公』の共働（協働）によって行なわれる」。

今日、福祉研究の対象は、国の政策・制度の動向というマクロなレベルから、個別的な援助のあり方や技術というミクロなレベルまでの広がりをもっています。福祉学と称する学問があるとすれば、福祉の現状を分析するだけではなく、歴史、理念、思想、理論、方法の研究まで、広い範囲にわたっています。このような広い範囲にわたる研究対象のどの部分をどのように切り取り、どのような視角から迫ろうとするかによって、必要とされる研究の方法も多様なものになります。『エンサイクロペディア社会福祉学』によれば「社会福祉」の定義は以下のようなものです。

「社会福祉とは、すべての国民に健康で文化的な生活を体系的に保障することを目的とする社会保障制度のなかにあって、直接には、さまざまな生活上の障害につながるハンディキャップを背負った人びと――児童、老人、障害者、母子家庭・父子家庭など――を対象とし、生活上の障害を除去ないし軽減して、人間としての豊かな生活と発達を保障するために行われる組織的・社会的な援助・サービスの体系である。(1)」

「社会保障制度のなかにあって」とはまさに「制度世界」を背景にして現代の福祉が成り立っているということです。したがって「生活世界」とのせめぎあいが必ずあり、その点は注意すべきです。このように、福祉学は否応なく制度世界のさまざまな学問成果を摂取し、ときにはそのセクショナリズムゆえに各学問に対しても「生活世界」の「人間の幸福」という視点から疑問を投げかける、そういう性格をもっています。

では、公共福祉とは何か。とりあえず、「公」と「私」、「公共」の区別をここで簡単に述べておきましょう。家族で高齢者をケアし、家族が障害者と共に生活する、これは福祉のうちでも「私」的福祉と呼べるでしょう。文明初期の頃は、ほとんどの地域でそうでありました。それに対し、公的機関がすべて行う福祉、すなわち公的な施設内における公務員によるケア、これらは「公」的福祉です。つまり、政府や行政のみが行う場合が公的福祉です。この二つは「私」と「公」、私的福祉と公的福祉との両極端ではありますが、理念型としてはあり得ます。

しかしここでテーマにしたいのはその中間に位置する福祉であり、「共に」の福祉で、これを「公共」福祉と呼びたいのです。すなわち施設内でのケアであっても、それが私と公、民間と行政によって協働で営まれている場合、また地域をベースにした地域福祉であってもそれが家族や住民・コミュニティないしは〝ご近所〟と行政が協働で実施されている場合、これらは公共福祉です。

そうすると、今日では多くの場合が公共福祉として行われているのではないでしょうか。そして、これが当り前の形ではないでしょうか。したがって、公共福祉は社会の病理学よりも社会の生理学のうえに成り立っているはずです。

ただそれが、現代社会という強固な「制度世界」のなかで、肥大化した「権力」と「貨幣」、「科学技術」のなかではっきりと見えなくなっています。またはケアの実践のうえで困難をきたしています。本来の社会の生理学、つまり「神経機構の協働」である「人と人とのつながりとネットワーク」が失われているからです。これは人間社会というレベルでは病気の状態なのであり、したがってリハビリによって回復する必要があるのです。社会的リハビリが必要です。本書はそのことを学問化して、根本のところから考え直していくことを試みます。

では、現在のところ、日本の社会保障制度はどの程度のレベルにあるのでしょうか。しばしば、制度体系としては、すでにヨーロッパ福祉国家と同様に整備されたもののように言われています。しかし、実は、保障内容や給付水準はいまなおＯＥＣＤ加盟国のなかで低位にあるのです（図1-1）。

例えば、ＯＥＣＤが発表しているデータでは二〇〇三年のＧＤＰに対する国家の社会サービス支出の

図１－１　社会サービスの政策分野別支出（対 GDP 比/2003年）

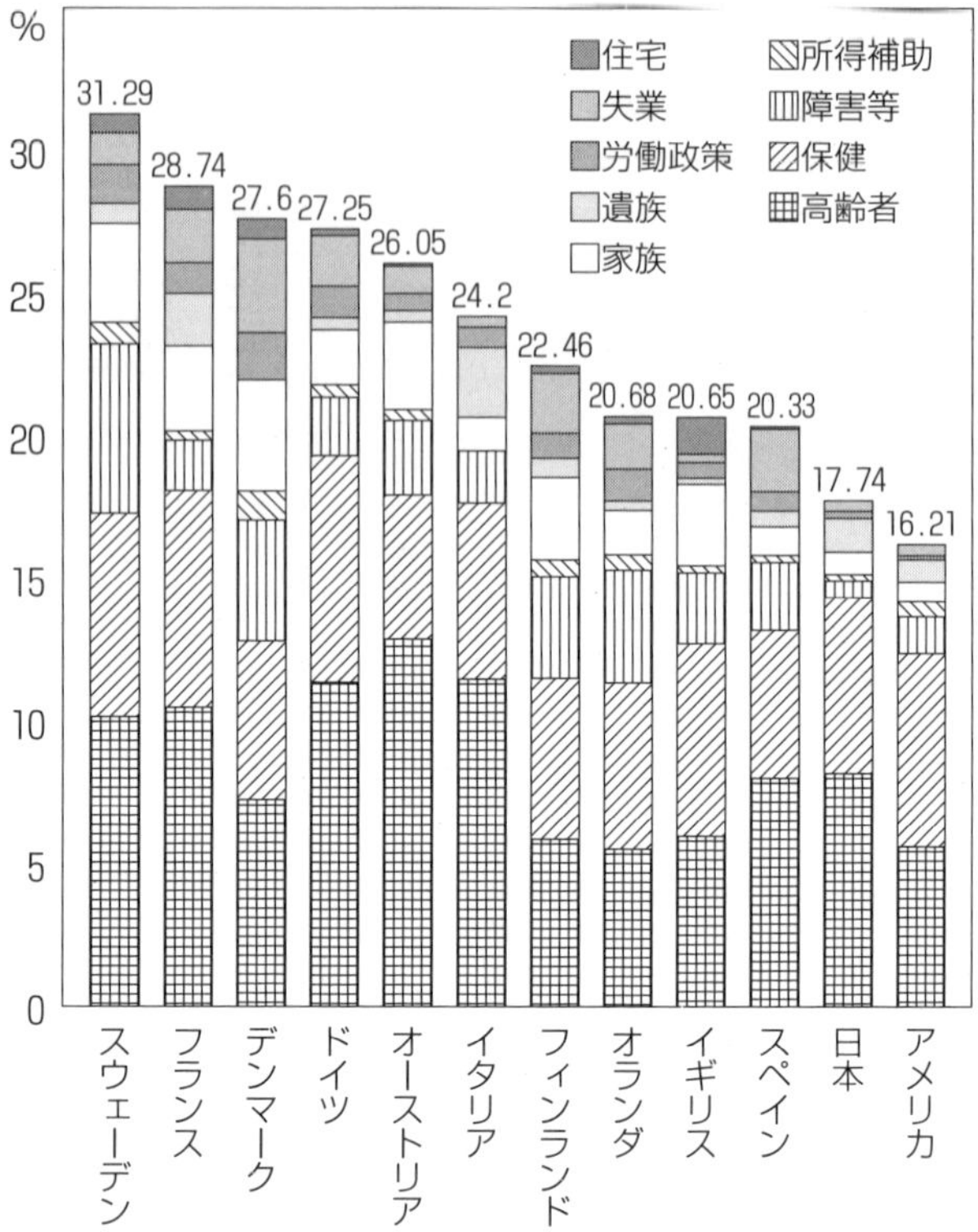

注１：グラフ上の数字は GDP に対する支出比率
　２：配列は上記の順
資料：OECD SOCX 2007データから作成
出典：仲村優一ほか監『エンサイクロペディア社会福祉学』中央法規出版、2007年、９頁

比率で日本は一一位というランクにとどまっています。列挙してみると、スウェーデン（三一・二九％）、フランス（二八・七四％）、デンマーク、ドイツ、オーストリア、イタリア、フィンランド、オランダ、イギリスと続き、スペイン（二〇・三三％）、日本（一七・七四％）、アメリカ（一六・二一％）の順。また、

その内訳は例えばスウェーデンでは、高齢者（年金）と保健（医療）に五五％で、障害者、所得補助、家族補助などに四五％。日本は高齢者と保健で八〇％を占めているという具合です。

しかし、実は、このように数字だけ並べてもほとんど意味がないのです。というのは、例えば、アメリカは国の社会サービス支出の割合は低くても、民間の教会などが草の根的に民衆レベルの福祉にかかわっているからです。つまり国（公）依存ではなく民間、すなわち市民（公共）の力が大きいのです。日本でも今後、市民の力をもっと掘り起こす努力が必要です。

戦後日本の福祉の変遷

日本がまがりなりにも、福祉国家的な歩みを始めることができた出発点は、一九四七（昭和二二）年発布の日本国憲法でした。第二五条の「生存権、国の社会的使命」、つまり、①すべて国民は、健康で文化的な最低限度の生活を営む権利を有する、②国は、すべての生活部面について、社会福祉、社会保障及び公衆衛生の向上及び増進に努めなければならない、という内容です。

戦後の社会福祉関係諸法は、貧困問題を中心にした福祉三法体制（生活保護法、児童福祉法、身体障害者福祉法）から出発しています。そして、一九六〇年代の福祉六法体制（福祉三法に加えて、知的障害者福祉法、老人福祉法、母子及び寡婦福祉法）へと整備されました。

一九六〇年代初めには国民皆保険・皆年金体制ができました。一九七三（昭和四八）年には年金の月収六割水準確保、医療の家族給付率引き上げや高額療養費創設などがあって、福祉元年とすら呼ばれました。このままいけば、日本もヨーロッパ並みの高福祉になっていくとみえたのです。しかし同年にオイルショックがあって、経済成長にかげりがみえ、ついには一九九〇（平成二）年にバブル経済も崩壊し、高福祉にはならず中福祉にとどまってしまいました。今では中福祉すらあやしくなってきました。

社会保障制度も、男性が終身雇用の家族の稼ぎ手であるということを前提にしたうえでの所得再分配が中心でした。つまり失業、病気、退職等のリスク時に社会保険を通して現金給付する、という内容です。したがって、子ども保育、高齢者介護などは通常、主婦の無償サービスに依存していました。そして、この事態は産業構造の変化、女性の社会参画、核家族化、少子高齢化、機能不全家族の増大の時代には全くそぐわないものになっています。

そしていまや終身雇用の流動化、非正規社員の増大、格差社会の到来、後期高齢者医療制度の導入、医師不足、年金問題の危うい先行き、超高齢社会の到来など、不安材料がいっぱいの国になってしまいました。二〇〇九（平成二一）年九月の戦後初の本格的〝政権交代〟によってこれがどう修復されるのか、予断の許さないところです。

一方、戦後の日本の社会福祉の歴史において、二〇〇〇（平成一二）年の社会福祉基礎構造改革（社会福祉法改正）、いわゆる措置制度（行政が決定）から契約制度（利用当事者が決定）へという変遷は、福祉の程度というよりも福祉を支える民主主義の意識のあり方にとって、極めて重要な出来事でした。市民は行政主導の福祉政策にもはや頼れなくなってきたのです。これは法律面の改正から起こりました。

一九六〇年代の福祉六法体制から一九八〇年代にそれらを見直す時期に入り、二〇〇〇（平成一二）年を境に社会福祉基礎構造改革と呼ばれるほどの大きな改革に入っています。二〇〇〇（平成一二）年四月に高齢者福祉の分野で介護保険法が施行され、五月に「社会福祉の増進のための社会福祉事業法等の一部を改正する等の法律」が成立し、社会福祉事業法が「社会福祉法」に題名改正されました。

社会福祉法第二条では、社会福祉事業を、①第一種社会福祉事業（主として入所施設）と②第二種社会福祉事業（主として通所・在宅サービス）に分類していますが、この両種において「措置」から「契約」へという大きな考え方の変化が起こりました。

中央社会福祉審議会社会福祉構造改革分科会の「社会福祉基礎構造改革について（中間まとめ）」（一九九八（平成一〇）年六月）および「社会福祉基礎構造改革を進めるに当たって（追加意見）」（一九九八（平成一〇）年一〇月）では、社会福祉のあり方を「措置」から「契約」へと大転換を図るべきであるとし、地域における日常的生活援助活動の本格的展開を強く期待しました。いわゆる地域福祉の重視です。

その方向に沿って、現在、地域住民による地域住民のサポートという「地域密着型の民間非営利福祉活動」の模索・試行錯誤的実践が、地域の社会福祉協議会や各種NPO、協同組合、住民の互助組織、民間企業の参入等によって繰り広げられつつあります。従来の受動的な所得保障中心の制度から転換して、自ら参加して、連帯のなかで社会の安全・安心をつくり上げていく時代になっています。いわば、市民のボランティア精神や自治能力が問われる時代に入ったのです。

例えば、福祉六法の多くの領域で「措置」から「契約」へと移行していますが、一般に最もよく知られているのは、介護保険法による高齢者介護の現場でしょう（これらの哲学的意味を第3節で詳述する）。これまで軽度の高齢者介護は家族の領域でした。しかし家族形態の変化で「介護の社会化」が一般化しています。この分野での民間福祉活動の活性化は、社会福祉法成立の特筆すべき意義といえます。

なぜなら、これまでの受動的な公的福祉に対する民間福祉、「民間の力」への市民的意識の変革を伴わざるを得なくなっているからです。ただ、介護保険はその後の改正で予算の都合上、介護報酬が下げられ、民間の相互扶助の度合いを増さざるを得なくなっています。なぜ介護が「税金」ではなく「保険」や「契約」でなされるのか、この意味を市民自ら考えなければなりません。

民間福祉といってもその形態はいろいろです。いわば福祉多元主義といえる状態で、株式会社も参入しています。細かくは「民間委託、補助型」「公私共同・パートナー型」「法定民間活動型」「民間非営利型」「民間営利型」「セルフヘルプ型」などに類型化されています。いずれにせよ、一方的な「お上まかせ」から脱却したこと、そして、少しでも「よい生き方」の自己設計を、私たち市民の側が磨いていく時代に入ったと思われます。さらに、地方分権が進んだことがそれを可能にしつつありますが、まだ分権が極めて不十分です。今後の地域主権の本格的な政治改革が期待されるところです。

介護保険が導入された年に地方分権一括法（地方分権の推進を図るための関係法律の整備等に関する法律）も施行されました。ここで中央政府が決定したことを、地方政府に執行させる仕組みである機関委任事務が廃止され、介護保険は自治事務となったのです。地方自治体、そして住民が自ら選び取る生き方と、福祉とが深く関係することとなったのです。地域社会の福祉づくりは住民のネットワークづくり、市民活動と大いに連動させることが必要です。「活動」と「社会参加」というダイナミズムがますます要求されています。

地方自治体と住民が自治を行うには、分権と同時に財源も確保していくことが徹底されなければなりません。そのうえで自治を行う時間のゆとり、すなわち労働にすべてのエネルギーと時間を取られない

機関委任事務、自治事務

法律用語。機関委任事務とは一九九九（平成一一）年の地方自治法改正により廃止された事務。国、ほかの地方公共団体、その他公共団体の事務であって、法律またはこれに基づく政令によって地方公共団体の長その他の執行機関に委任された事務のこと。この事務の執行にあたっては、都道府県知事および市町村長など地方公共団体の機関が主務大臣との関係で、指揮監督関係に置かれていた。この制度は中央集権体制を象徴する制度と考えられるところから、旧来の機関委任事務は全廃され、国の直接執行事務、法定受託事務、自治事務に分類しなおされた。ただ自治事務という概念には積極定義はなく、地方公共団体が処理する事務のうち、法定受託事務（戸籍事務など）以外のものとされる。自治事務にあっては、国の関与が少なく自治体が法令に違反しない限り自由に施策を実施できる。一九九九（平成一一）年の改正前は都道府県でその比率が機関委任事務八割、自治事務が二割とされていたが、改正後はそれが逆転した。

ような生活スタイルの確保が必要です。いわゆるワーク・ライフ・バランスという課題です。

「生活」と「仕事」を媒介する「活動」

民主主義とは何でしょうか。単に「国民主権」という、教科書的な回答ではもはやすまされません。それは、単に、国民投票で代議者を選ぶ制度のことではないのです。民主主義とは、市民が市民をケアできる制度のことです。市民一人ひとりに自己鍛錬を要求し、他者をケアできるモラルを要求している社会なのです。

このケアは、まずは労働の現場でなされるべきでしょう。つまり、安定した雇用条件、最低賃金制度の導入の面などでなされるべきです。そして、このような労働市場の社会保障の面と同時に、これからは、人々を労働市場の外に向かわせる政策もまた重要です。これを男女共同参画、育児と仕事の両立などの場面でしばしば使用されるワーク・ライフ・バランスなる言葉で呼んでよいでしょう。

労働市場（ワーク）に多くのエネルギーが吸い取られていて、真のライフ（生命・生活・生存）を充実することが困難な日本の経済社会の現状があります。しかもいまや労働していてすら暮らしていけない、ワーキング・プアが増えています。これを市民の力で改善しないことには民主主義は成熟しません。したがって、そこにおいて、男女を問わずワーク・ライフ・バランスが重要課題となっています。

これまで公と公共とを区別するというとき、主として公（＝行政、官、お上）と公共（＝市民）とを区別することを議論してきました（さらに第三章で詳述します）。しかし、今日のグローバル市場の時代には、経済活動は簡単に国境を越え、滅私奉公の「公」が国ではなく、企業・会社に相当している面が多々あります。多くのサラリーマンにとって「公」（＝お上）とは企業のことでしょう。しかも何といっても、世界一の長時間労働、過労死を招くほどの滅私奉公ぶりが日本にあることを無視できません。単位人口当たりの自殺率の高さも、近年の大問題です。生活時間の多くを労働市場に取られてしまうのです。このような状況のなかで、滅私奉公ではなく「活私開公（私を活かして公を開く）」に変えていくにはどうす

ワーク・ライフ・バランス

「仕事と生活の調和」という意味。その内容は、市民の一人ひとりが生活を意味あるものとして充実させ、仕事にもやりがいと責任をもち、同時に家庭や地域、さまざまな市民グループに属しながら、子育ての時期、中高年の時期といった人生の各段階に応じて多様な生き方が選択でき、かつ実現できることを指す。日本では少子化対策や男女共同参画の文脈で語られることが多い。政策としての出生率の向上や男女の機会均等のみならず、労働形態、労働時間、正規・非正規雇用などのあり方の改革も指している。二〇〇七（平成一九）年には政府、地方公共団体、経済界、労働界の合意により、「仕事と生活の調和（ワーク・ライフ・バランス）憲章」が策定され、現在、官民を挙げてさまざまな取り組みが進められている。

ればいいか。

ワーク（仕事）もライフ（生活）も人間にとって重要な意味をもつことはいうまでもありません。市場はワークの機会を与えると同時に、人々のライフを豊かにするのだから必要なものです。しかし「生活の価値」など市場化になじまないものまで市場化（商品化）していくところに、今日の大いなる問題があるのです。「労働力」は商品ではなく、仕事には「やりがい」「生きがい」という生きる意味が含まれているはずだからです。

ワーク（仕事）とライフ（生活）の両方の意味を尊重しつつ、なおワーク・ライフ二元論ではない、これら両方を媒介する領域があるのではないでしょうか。これをアクティビティ（活動）と呼びましょう。ワーク・ライフ・バランスではなく、ワークとライフの間にアクティビティをもってくる。生活と仕事の二元論ではなく、生活と仕事を媒介していく「活動」が必要である、ということです。「身体構造・心身機能」と「活動」と「参加」、そして主として「社会参加」です。

現代人は家庭での「生活」と職場での「仕事」の往復でしかないと考えがちですが、実はその〈間〉には生活と密着した住環境があり、われわれは地域住民としての日常生活をも営んでいることを忘れてはなりません。毎日の買い物、ゴミ出しにはじまり、子どもの保育、学校、友人関係、休日のご近所との付き合い、町内会、自治会、住民どうしの助け合いボランティア活動など、住民としての生活、いわゆる市民生活の現場です。筆者が、生活世界や自治の能力という言葉で述べたいのは、家庭生活を越えた市民生活の領域であります。この領域の営みが「活動」「参加」です。比喩的にいえば「仕事（公）、生活（私）の二元論」ではなく、「仕事（公）、生活（私）、活動・参加（公共）の三元論」なのです。「活動」、そして社会への「参加」、それが生活の幸福感、すなわち広い意味での「福祉」につながります。福祉について語るとき、しばしば、北欧型の高福祉高負担が引き合いに出されます。しかし、北欧型は行政サービスが充実している一方、男女共に生産の現場ないしは労働市場に出て行くモデルであり、ややもすると労働市場にすべてのエネルギーを取られる生き方へとなりかねません。特に、市民社会の弱い日本ではそうなりがちですから、よく考える必要があります。

むしろ、〝ご近所のネットワーク〟、住民環境、コミュニティ、これらを意識的につくることが福祉社会の形成につながります。今後の日本の「福祉の基礎構造改革」はここからスタートするのです。

2 近代日本福祉の特徴、そして今後

実は、北欧のみならず、欧米の福祉のあり方は、過去のキリスト教の歴史と深く関係しています。したがって、ワーク・ライフ・バランスにしろ、日本でこのできあがった福祉の制度だけを輸入しても機能しない、ということに注意したいのです。

では、日本の場合は、宗教と福祉の関係はどうだったのでしょう。日本の場合、仏教や神道が国家と大きな関係をもって国教化した時代はありましたが、だからといって、それらが福祉制度のあり方を規定したとはいいがたいのです。確かに仏教が長い歴史のうえで、行基、空也、一遍らを通して民衆の福祉に寄与したのは事実ですが、むしろ江戸期の幕府統制、明治期の天皇制との関係で〝慈恵的な〟福祉、つまりお上による福祉政策となったことが特徴的です。

明治維新のあと、一八七四（明治七）年の恤救《じゅっきゅう》規則がこれを明快に表しています。この規則前文では、本来救済は相互扶助（人民相互ノ情誼）によるべきものであるが、それができない場合にのみ国家による救済が行われるとされています。福祉は天皇の官という中央政府の仕事とされ、地方自治体はかかわりません。地方がかかわれば貧困者の多い時代にその福祉の規模がはるかに大きくなるからです（実際にはイギリス救貧法の救済率に比べて二桁以上も低い救済だった）。

天皇を直接に民衆に結びつける〝慈恵〟という儒教的徳治主義であって、中間集団としての自発的グ

ループや住民自治の発想は育ちませんでした。明治初期、自由民権運動が出てきていたにもかかわらず、十分な展開をみせることはありませんでした。自由民権運動は天皇主権の明治憲法成立によって終息してしまったからです。

そして戦後の国家主導の「福祉国家」の時代を経て、いまやそれが終わりに近づき、国民主権の内実を問われています。一九八〇年代以降のグローバル市場化のなかで、欧米先進国も含めて福祉政策の見直しが図られています。例えば北欧ですら、高度の公的福祉を提供しながらも「画一的サービスの押付け」と批判され、市民の自由な選択を迫られ自己改革をしています。

しかし、イギリスやアメリカでは自由市場に福祉を委ねすぎるあまり、貧困層の増大を招きました。アンソニー・ギデンズの「第三の道」は、一九九〇年代に入ってイギリスのブレア前労働党政権が採用したもので、北欧型の社会民主主義とサッチャー型の自由主義の双方の利点を組み合わせた福祉政策でした。それは「価値の平等、機会均等、自己責任、コミュニティ」を強調します。

これまでの福祉国家が国家の徴税、再分配を通じて匿名の相互扶助を実現しようとしたことに対し、「第三の道」は再分配ではなく自助を補完するところに政府の機能をみています。

それらを言い換えるならば、「友愛と連帯」の市民社会の形成です。日本では欧米に比べて市民社会があまりに弱かったので様子は異なるのですが、それでも今後は、市民主権、生活者のニーズに応じた領域主権を通して、福祉を市民自らつくることが必要になってきている、というわけです。

滅私奉公タイプとその帰結

イエスタ・エスピン=アンデルセンは、『福祉資本主義の三つの世界』という本で多くの社会保障・福祉の研究者に影響を与えました。その「日本語版への序文」で次のように述べています。

「(補完性によれば)国家の役割は、家族が自分たちの福祉上のニードを満たすべく自らサービスをおこなう、そのことが経済的に可能になるような条件を作り出すことに限定されるべきなのである。それゆえ、福祉国家の重点は、男性の稼ぎ手とその扶養家族の所得ニードを満たすように十分寛大な所得移転をおこなうことに置かれるのである。日本の読者には、カトリックの「補完性」原理は、たやすく理解できるはずである。(2)」

あとで詳述しますが、エスピン=アンデルセンは自由主義、社会民主主義と並ぶ西欧の大陸型保守主義を類型化して、この三番目の保守主義の補完性によって日本型福祉国家を捉えようとしています。しかしながら、日本で国家と家族との結びつきを与えたのはカトリック倫理ではなく儒教倫理です。少なくとも戦前まではそうです(家族国家観)。明治憲法の翌年に出された教育勅語には、「爾臣民父母に孝に兄弟に友(ゆう)に夫婦相和し」と謳われたのですから。

しかし、戦後四〇年も経った一九八〇年代までの日本で本当に「男性の稼ぎ手とその扶養家族の所得ニードを満たすように十分寛大な所得移転をおこなう」、このようなことができていたのかは大いに疑問です。

また、もしできていたとして、それも「専業主婦の犠牲のもとに」ということであれば、それはあま

第三の道

イギリスの社会学者アンソニー・ギデンズの『第三の道』という本の出版により有名になった言葉。また一九九七年にブレア政権が成立して、実際に掲げた政策で、それ以前のサッチャー政権の採用した右派の新自由主義路線、旧来の労働党政権の社会民主主義的な手厚い社会保障路線を批判し、自由主義の「効率」と社会民主主義の「公正」の双方を同時に推し進めるという政策。一九九一年のソビエト連邦崩壊により、社会主義が崩れ、自由主義が生き残り、市場主義がグローバルに行きわたった。また、生産主義的な産業構造のなかに地球環境問題も大きな焦点になってきたにもかかわらず、東西冷戦期の時代には両陣営の政府もこれを十分に扱うことができなかった。ヨーロッパでは環境市民団体が政治力をつけ、政権の一翼を担うようになっていた。こういったなかで「第三の道」は市民団体、ボランティア団体、地方自治体などが自治能力を発揮して、従来の中央官庁のみにあった権限を分散・分権化して公共的な問題を担い、市民社会の不平等と貧困を除去していこうとの政策である。

りにも日本的な儒教倫理のゆえではなかったのでしょうか。戦前は天皇制国家への滅私奉公、戦後は男性は会社への滅私奉公、専業主婦は家族への滅私奉公、という図式です。公共哲学運動では、滅私奉公ではなく活私開公（私を活かし公を開く）を導きの糸とした市民的公共性をつくりたい、このように語ってきました。

しかし、実はここで、戦後日本の「男性の稼ぎ手、専業主婦」というタイプの社会保障も、見かけ上は似ていても、西欧の「保守主義モデル」のようには十分なものではなかったことに注意したいのです。まず、日本の社会保障システムを議論するときに、欧米をモデルにして、北欧型でも、アメリカ型でもなく、ヨーロッパ大陸の「保守主義モデル」に近いと分類すること自体が正しくないのではないか、ということです。むしろ日本独自の「滅私奉公」型とでも呼べる独自のタイプに属するものではないか、といいたいのです。滅私奉公から活私開公へと人間観を転換しない限り、日本でのよい福祉社会は実現しないとみるべきです。

確かに、一九八〇年代までに、公務員と大企業の社員が受ける雇用保障と社会保障は、数字の一部だけみれば、ドイツをはじめとしたヨーロッパ保守主義にみられる現代的コーポラティズム（政労使協調主義）のシステムとほぼ匹敵するくらいになっていました。しかし実は、これらの人々は全労働力の三分の一程度でしかなかったのです。中小企業の社員や、大企業でもパートタイムなどの不定期契約の労働者、それに自営業の農民や商店主は、そのような多額な社会給付を受けられる立場にありませんでした。これらのグループには雇用保障も少なく、社会保障プログラムによる給付金の額も少なかったのです。

手厚い社会保障によって国民の全員――さらにいえば労働者全員――にじかに保障を与えるのではなかったのです。日本政府はむしろ、間接的なかたちで関与することがほとんどでした。例えば、主たる稼ぎ手である男性社員の働き口を確保し、社員に手厚い社会保障を与えられるように大企業を支え、その一方で規制や貿易保護政策によって中小企業の従業員や農業に従事する人々を保護しました。戦後経済を支えた護送船団方式の中身とはこういうものでした。

国家がコストをかけるのではなく、一部の大企業では企業自ら社内保育所を設けるなど、一九八〇年代には典型的な手厚い企業福祉プログラムが存在しました。それは、従業員五〇〇〇人以上の企業で給与額の二一パーセントになっていたといいます。ところが、それとは対照的に、中小企業ではそのような恩恵を社員に与えることができず、したがってそれらの労働者は国家がじかに供給する自由主義的―残余的なプログラム（最小限の社会保障）による、わずかな給付に頼るしかありませんでした。そして、いまや企業福祉は崩壊して、国家の残余的福祉も目減りして、とうとう二極的に格差社会が広がったのでした。

アメリカ人レナード・ショッパの『「最後の社会主義国」日本の苦闘』という興味深い題名の本があり、その原題は『出口への殺到』となっています。その著者の結論はこうです。

八〇年代までの「戦後の日本の成功」は福祉の面から見ると家族特に専業主婦の犠牲的精神の上に

なりたっていた。主婦は家族の世話を一手に押し付けられてきたし、日本の企業は終身雇用制を背負わされてきた。この両者が社会保障のコストを払い続けてきたので国家が払うコストはわずかであった。ただグローバル化が進み、情勢が変わって、いまや両者が静かにこれまでの責務から「退出」をはじめている。女性は結婚と出産を避け始めた。企業は高コストの国内から海外へ逃れはじめた。「出口」への殺到がはじまったのだ。

「出口からの退出」、これまた大胆な隠喩的な表現ですが、言いたいことは、今日の出生率の低下は女性が「退出」した結果だというのです。一方、企業が国外に「退出」するという議論については、人件費コストという意味ではそうであっても、別の面では反対もあります。「企業にとって生産性と国内治安が決定的だから、単純に発展途上国に拠点を移せばいいのではない」との反論です。いずれにせよ日本の社会の将来が、これまで体験したことのない危機に陥っていることだけは間違いないところでしょう。

解決は？

日本はかつて北欧型の高福祉高負担を経験したことはないし、今後も経験することはないでしょう。政府や官僚機構への信頼が高くないからです。また、アメリカ型の市場重視型の民間福祉を経験したことはないし、今後もそうはならないでしょう。アメリカ型の市場至上主義は二〇〇八年秋のリーマン・ショック以来、その信頼度が揺らいでいます。日本の今後はどうなるのか。二〇〇九（平成二一）年八月末の総選挙による政権交代が果たしてどういう形で活路を開くのか。筆者は、政治に過度の期待をおくことよりも、市民の自覚的な「活動」と「社会参加」を重視すべきだという意見です。「出口からの退出」ではなく、正々堂々と入り口からの「参加」の方向に舵を切ることを考えるべきです。

日本の今後の社会福祉が、男女共同参画を中心にしていくべきことは確かなことでしょう。ワーク・ライフ・バランスの実現。「生活と仕事の二元論」を乗り越えて、「市民活動」および「市民参加」とどう関連づけていくかが大きな課題です。

近年、企業にも育児休暇は取り入れられてきました。ただ、育児休暇や介護休暇は、日本の男性労働者にはほとんど普及していません。二〇〇六（平成一八）年の調査では、過去三年間で育児休業制度を利用した男性社員が一人もいない企業が全体の八割だといいます。従業員三〇〇人以上の企業六〇〇社を対象にした調査ですが、対象となった企業のほとんどが育児休業制度を導入しているにもかかわらず、男性の利用は増えていません。その理由には「代替要員の確保が困難」（六三・〇％）、「男性自身に育児休業をとる意識がない」（四八・〇％）が挙げられました。まずは職場で生き残ることが先決、家庭どころではない、という状況があるといいます[3]。

また次のような指摘もあります。

「日本の両立支援策は、日本の女性の就業構造を二つの点で踏まえていない。第一に女性雇用者の半数以上が中小企業で働いている点、第二に女性雇用者の半数以上が非正規雇用である点である。……日本ではスウェーデンの両立支援策の事例として、育児休業や保育所の整備だけが部分的に紹介される。しかしそれだけでは、本当のスウェーデンの施策は理解できない。スウェーデンには「労働と家事と余暇を、女性と男性で平等に」という考え方が政策の基本にあり、どの労働者にもワーク・ライフ・バランスのための制度が保障されている。(4)」

ワーク・ライフ・バランスを支える制度は、現在のところ貧困極まりないものです。近年の保育所不足、いわゆる待機児童問題はその一つです。今後この方面での市民運動が「退出」ではなく「参加」をどう生み出すかは、日本の将来にとって大きな課題となります。

しかし、決して悲観的になる必要はないでしょう。実際に「女性の生き方」で活私開公の成功した例があるからです。実は、介護問題では女性は「退出」しなかったのでした。介護については「参加」から政治運動まで起こして、ついに介護保険法を成立させた、という実績がそれです。

「女性による老人問題シンポジウム『女の自立と老い』」を一九八三(昭和五八)年に組織した女性グループが樋口恵子を代表者として「高齢社会をよくする女性の会」を結成しました。一九九五(平成七)年には厚生省の要請によって樋口代表らが介護保険制度の要綱を決める審議会に参加しました。「こんな制度ができたら、ヨメが年寄りをみるという日本の美風が壊れる」といった保守的な感覚にあった政治家たちを切り崩して、介護保険法を一九九七（平成九）年に成立させたのでした。

その市民パワーは、すでに各地で、老いた家族の介護に奮闘する女性たちを支援する組織の後押しを受けていました。例えば、「生活クラブ生協神奈川」は二三一四名の会員が参加する三九のサブグループにおいて、「訪問介護、通所介護、食事の宅配、高齢障害者の送迎」などのサービスをすでに提供していました。こうした作業を一手に引き受けることによって、「生活クラブ生協神奈川」は当時の公的支援にみられた数々のギャップを浮き彫りにし、「介護の社会化」のあるべき姿のモデルを提供したのでした。各地の生活協同組合の果たす役割は、近年のＮＰＯと並んで、今後も大きなものがあると思われます。

このように、女性の市民グループは、政府が政策課題の理解と解決案に頭をひねっている段階で重要な役割を果たしました。積極的に政府当局者たちをつかまえ、自分たちが背負わされている重荷の実態を伝えようとしました。一九九〇年代に厚生省が介護保険制度の新たな骨組みについて検討し始めたとき、女性の市民グループは関連する各種の審議会に代表を送り、さまざまな代案を提案したり、論評を加えたりしたのでした。そのことも実って、介護保険法は二〇〇〇（平成一二）年に施行されるに至ったのです。

3 福祉の契約制度と憲法の精神

負担とサービス

介護保険法の成立は、措置制度から契約制度への具体的な表れでした。この方式による「介護の社会化」の経緯から学ぶことが多くあります。もちろん、その後の介護保険法の改正と介護報酬の引き下げという問題点はありますが、それにしても、市民の「活動」と「参加」、「自治」は日本の今後を変えていく鍵になる、そのことの前例がここにあります。従来は税によって最低限の生活保障を行っていたところに、「保険」という互助組織をもってきたことの意味を考えねばなりません。

福祉について、税の高負担をして政治と官僚（公務員）機構にすべてを丸投げしてしまうのか、それとも市民が自ら参加していくシステムをつくるのか、その分かれ目に立っています。そもそも、今日の日本のように、政治家や官僚に対する信頼度が極端に弱い社会で（表1-1参照）、税の高負担の方向に行くのは現実的ではありません。

市民は一つの決断をしなければなりません。すべてを税負担にするのか、つまり公助か、それとも何らかの形の自助、互助、共助の方式にするのか。この場合の共助とは市民の間での助け合いということです。筆者は、市民がまず自治と生の領域主権を発揮して、行政と協働する市民社会を目指したいと願

表１－１　低信頼社会日本？

	信用している	ある程度信用している	あまり信用していない	信用していない
家族	74	23	1	
天気予報	14	80	5	1
新聞	17	74	7	1
科学技術	21	65	8	1
医者	16	67	13	2
裁判	11	61	23	3
テレビ	5	64	26	2
警察	9	54	29	6
教師	6	54	31	6
宗教	8	22	33	35
政治家	1	17	50	30
官僚	1	17	45	35

資料：朝日新聞2008年３月21日掲載の調査

います。これを共助から一歩踏み出し、行政との対等のパートナーシップを作るという方向で、「公共福祉」と呼びたいのです。高福祉にするためには負担は避けられないのですが、それでも税負担のほうはある程度に抑えて、残りの負担金は市民自らが立ち上げる事業の資金にしていくような方向です。これは経済システムの転換とも関係している問題です。

税の高負担によって公務員ばかりを増やして、公務員給与をそこから支払いつつ公的サービス提供を受けるのか。それともその負担分を、互助組織、協同組合、共済組合などを立ち上げつつ、そのスタッフ給与に回して自分たちのための公共サービスとしての福祉経済、連帯経済、友愛経済に資金を転換し、行政と協働していくのか。

高福祉は誰もが望むところです。筆者は、税負担は中負担でも、残りの負担金は市民自ら行う福祉に使うという意味で、高福祉を保てると考えています。高福祉中負担が可能ですし、それを目指すべきです。

こうして、「負担とサービス」の関係は市民の民主主義形成の意欲と深く関係しています。

すでに述べたように、歴史があまりに違うので、北欧型が日本のモデルになるとは筆者は思わないのですが、一応の数字だけを挙げておきましょう（表1-2）。

総人口九〇〇万人のスウェーデンの場合、伝統的に政権において社会民主主義が圧倒的に優勢であり、政策的には大きな政府の路線を取り、国民もこれを支持しています。代表的な高負担高福祉の国です。したがって、福祉に関しては公的セクターの占める割合が大きく、公的セクターの歳出はＧＤＰ比で五五％（日本では三〇％）、消費の二七％（日本では一〇％）です。医療、福祉、教育が主に公的に運営されているために公務員の割合は全就労者の約三〇％（日本では六％）にも及んでいます。国内総生産に対する公的負担率（租税および社会保障費）の割合は五一・四％（日本では二七・三％）でデンマークと並んで世界一です。また主要国の高齢化率の動向を図1-2に記します。

公法から民法へ

北欧型の福祉をすぐには採用できない理由は、日本の近代国家形成以来の〝滅私奉公〟にあります。私を殺して公、すなわち「お上」に奉仕する。そして官僚制と密着した「公法」が異常に強い国でした。

表1－2　スウェーデンと日本

	日本		スウェーデン	
高齢化率	19.5%	2004年	17.3%	2004年
高齢化率が7％から14%に達する所要年数	24年		81年	
平均寿命、男性	78.4歳	2003年	77.9歳	2003年
平均寿命、女性	85.3歳	2003年	82.4歳	2003年
合計特殊出生率	1.29	2004年	1.75	2004年
高齢者の子どもとの同居率	47.8%	2003年	4.0%	1989年
女性の労働力率（15～64歳）	64.2%	2003年	75.4%	2003年
公的負担率（対国内総生産比）	27.3%	2001年	51.4%	2001年
社会保障給付率（対国内総生産比）	16.9%	2001年	28.9%	2001年

資料：厚生労働省、Socialdepartementet, SCB, OECD
出典：奥村芳孝『スウェーデンの高齢者・障害者ケア入門』筒井書房、2005年、14頁

図1－2　主要国の高齢化率の動向

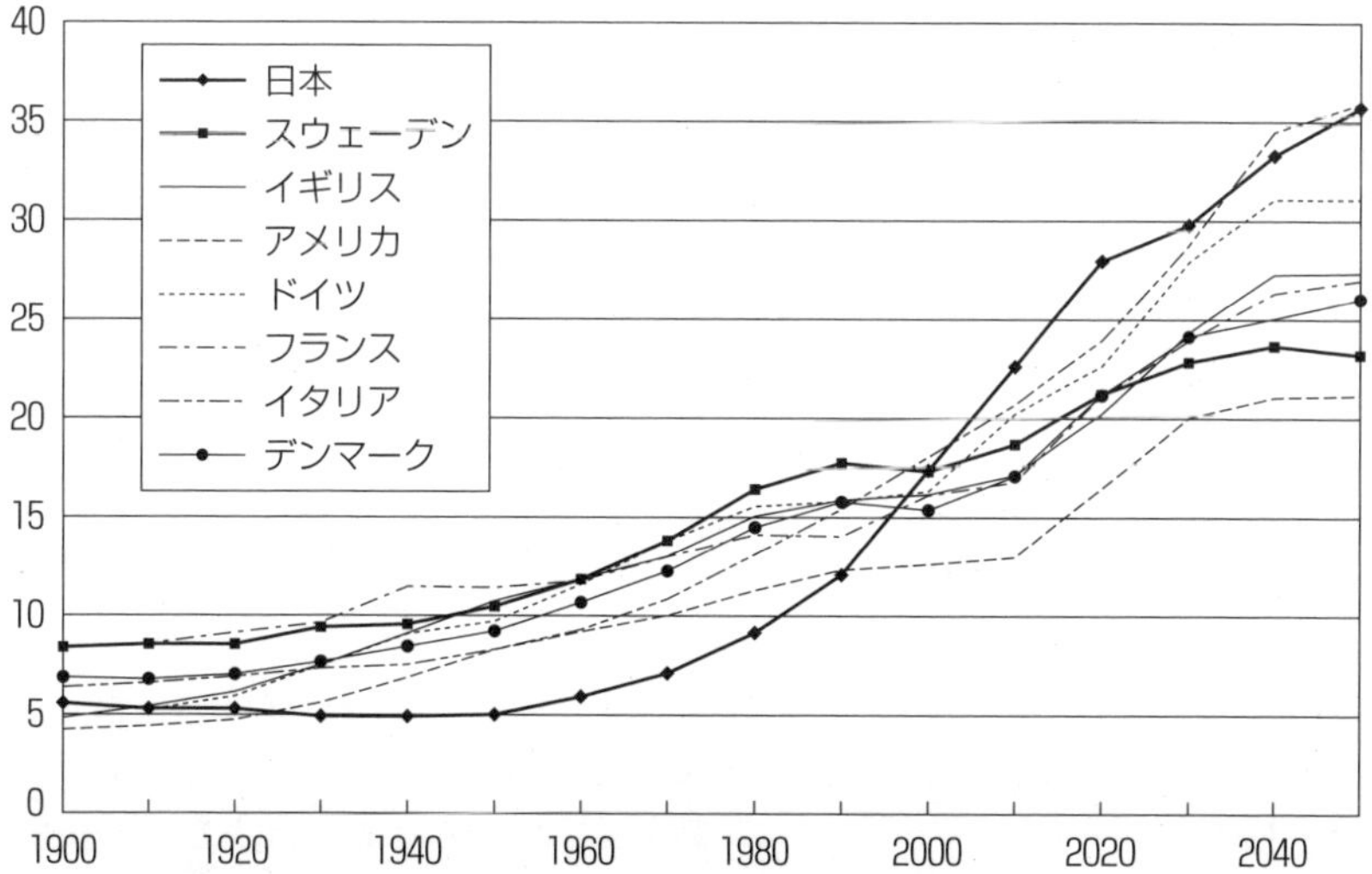

資料：国立社会保障・人口問題研究所（2002）『日本の将来推計人口（平成14年1月推計）』、SCB（2005）、Sveriges framtida befolkning 2005-2050
出典：奥村芳孝『スウェーデンの高齢者・障害者ケア入門』筒井書房、2005年、16頁

もちろん公法といえども、今日では日本国憲法の下にあります。日本国憲法の条文で、福祉についてはしばしば周知のように第二五条の生存権が大事です。基本的人権の一つとして二〇世紀になって多くの先進国で採用されているものです。「①すべて国民は、健康で文化的な最低限度の生活を営む権利を有する。②国は、すべての生活部面について、社会福祉、社会保障及び公衆衛生の向上及び増進に努めなければならない」。もっとも「最低限度の生活を営む権利」をどう解釈するかで、福祉のレベルは国によって全く異なったものになることは避けられませんが。

実は、日本の場合、これと同時に第八九条が重要です。しかし、あまり注意されていないので、これについて詳しく取り上げます。博愛や慈善に関して、憲法には次の条文があります。

日本国憲法第八九条（公の財産の支出又は利用の制限）「公金その他の公の財産は、宗教上の組織若しくは団体の使用、便益若しくは維持のため、又は公の支配に属しない慈善、教育若しくは博愛の事業に対し、これを支出し、又はその利用に供してはならない」。

ヨーロッパでは考えられない、この憲法条文はどこにルーツをもつのか。この条文の背後には、制定のプロセスからみてアメリカの自由主義の影響があったということが明らかです（アラバマ、コロラド、モンタナ等の州憲法の規定）。

戦後すぐにGHQから出た神道指令は、戦前の神社宗教と国家の癒着についてこれを厳しく分離するという方向でした。しかし、この憲法条文の「又は」以下の後半部についてはどうでしょう。これを素直に読む限り、「公の支配に属しない慈善」、すなわち民間団体の慈善事業に対して公金を使うことができなくなります。これも自由主義的福祉レジームのアメリカ的特徴と重なります。もっとも、それ以外の西洋の福祉レジームの発展の歴史からみる限り、こういった規定は当たり前のことではありません。

実際、この条文があるために、戦後の日本の福祉事業は民間で行う場合でも、「財源」として税金を使う限り、ほとんどが社会福祉法人という「公の支配に属して」行政的監督を受ける組織で実践されてきました。行政監督を規定する法律はすべて「公法」になります。また、そういった解釈のなかでは、憲法第二五条の「②国は、すべての生活部面について、社会福祉、社会保障及び公衆衛生の向上及び増進に努めなければならない」とあることもそういった行政の措置的側面を強めてしまいました。

歴史的には、一九四九（昭和二四）年二月に政府の公表した第八九条の厳しい公的解釈（「公の支配」とは、国・地方公共団体の機関が決定的な支配力をもつこととした解釈）が、教育と福祉の分野に新たな動きをもたらしました。まず、私立学校に対する公的助成などを規定した私立学校法制定の引き金になりました。次に、社会福祉分野では一九五〇（昭和二五）年の新生活保護法、および一九五一（昭和二六）年の社会福祉事業法で、それぞれ「公益法人」「社会福祉法人」に対する公的助成制度の誕生へと発展しました。

こうして、戦前の民間の少数篤志家の血のにじむような福祉への努力と、「慈善」という倫理的価値からの実践がすっかり影をひそめてしまったのは、まことに残念なことでした。福祉はそれ自身が受けるほうも、提供するほうも価値中立な官僚的行政依存の発想が強くなっていったのです。

戦後日本の福祉における措置制度とはどういう経緯をもっているのでしょうか。「措置制度とは何か」、ということは自明でなく、論ずる者の立場によって、論点、視点が次のようにかなり異なっているのが実情でした。

①　例えば法律学の研究者は、主に保育制度に関する判例研究などを通して、「措置」を受ける者＝保育サービス利用者の「権利性」に焦点をあて、サービス利用者の立場が「措置」という「行政処分」の「反射的利益」を受けるにすぎない点を問題とし、サービス利用者の「権利性」を法学的に証明する。

②　経済（財政）学の研究者は、「措置制度」の金の流れの側面である「措置費制度」を中心に論じている。「措置委託（費）制度」を通じて、地方公共団体に負わせるように民間社会福祉事業（多くは社会福祉法人）に負わせるとし、措置（委託）契約に基づく費用弁償である「措置（委託）費」と、社会福祉施設整備に対する補助金としての「施設整備費」を一括して「補助金」と捉え、両者の法的背景の違いを無視した議論が行われている。

③　社会福祉学の研究者は「措置委託制度」、民間社会福祉事業への「公的助成」のあり方、憲法第八九条と社会福祉法人制度の関係を中心に論じている。民間社会福祉事業は社会福祉法人となり、「公の支配」に入ることによって公的助成を得ることができたが、その一方で民間社会福祉事業としての先駆性、開拓性などの独自性を失っているという点にある。

④　行政関係者の「措置制度」に対する批判は、比較的最近のものであるが、福祉サービスの即応性・多様性の確保や、利用者の選択権を尊重するためには、サービス提供者が行政自らか、行政からの委託を受けた民間事業者だけに限定される「措置制度」から、利用者が自ら選択してサービスを選

ぶことのできる「契約制度」に変更すべきだというものである。

そして主として、この行政関係者の議論が、従来の「日本の社会福祉サービス供給システム」（＝いわゆる「措置制度」）の変化を促したものといえるでしょう。北場勉の著書によると、まず、一九九四（平成六）年、政府の審議会等の文書に「措置制度」の見直し論や廃止論が登場します。これらを契機として、一九九七（平成九）年に制定された介護保険法（二〇〇〇（平成一二）年に実施）や、二〇〇〇（平成一二）年に制定された社会福祉法などによって、老人福祉や障害福祉分野では、「措置制度」から「契約制度」に移行し、措置制度はごく一部を除いて、原則的に廃止されたと理解されました。

しかしながら、憲法とはもともと政治権力を規制するものだ、というのが立憲主義の本来の主張であったことを考えると、福祉に関して「政治権力の支配」がこれほど働いていたのは不幸なことでした。ですから、立憲主義の市民的伝統を活かしていこうとするならば、福祉がこういった「行政措置」という形にあるのは、奇妙であり、変えなければならないのです。福祉には、慈善にしろ博愛にしろ、倫理的価値が入るのは当然だからです。

そうしたなかで、社会福祉制度の利用方式が二〇〇〇（平成一二）年以降に「措置から契約へ」と大きな構造改革を遂げたことの意味は極めて大きいものがあります。もっとも、この流れに対して「国家の責任放棄だ」「財政が緊迫してきたための方便だ」などの批判もあります。

しかしながら、筆者が述べていく「市民的公共性の形成」という面からみると、事柄はそんなに単純ではありません。「措置から契約へ」という処置は単に法律的なレベルを超えて思想的、哲学的に大きな意味をもっているからです。公共哲学はその意味を探らなければなりません。考え方によっては、明治近代国家以来の大転換です。国家的な慈恵主義、つまりお上のお恵みとしての福祉、そして戦後の国家の行政監督としての福祉事業、そういう流れから解放される契機を秘めています。

広い意味での人間の幸福をつくる営みを、地域住民自らが考えていくときがやってきていると思われます。今まではすべてお上がやってくれていました。しかし、極めて実際的で日常的な市民のニーズを市民自らが解決していく時代が否応なくやってきている、ということなのです。福祉は人と人との関係づくりそのものですから、もし住民による地域福祉がうまく形成できないならば、筆者が今まで他著で語ってきた市民的公共性を市民自らつくり上げるなどという理念は、すべて絵空事になってしまうのではないかとすら思えます。

それにしても、「契約」とは何かをはっきりさせなければならないでしょう。第四章の「国家の正当化に関する理論」の契約説のところでも述べますが、ヨーロッパ文明では世俗的と称する国家論や法律論のなかでも、成立の過程ではキリスト教の「契約」に対する考え方が基本にあります。神がイスラエル民族に指導者を通して与えた旧《ふる》い契約（旧約）と、イエス・キリストを通して全人類に与えた新しい契約（新約）とに分かれます。

例えば国家については三重の契約、つまり、①神と当該の民との契約、②民と王（為政者）との契約、③民の間での契約、という順序で国家の成立を考えています。もっとも、キリスト教的な合意がなくなってくれば、①は不問に付されてきますが、今度はその場合には、国家主権が神のような位置にくるので要注意です。そしてこの場合、理論的にも、国家論として整合性のある理論はもはや困難になってくるでしょう。これについて、のちに、信託理論のところで触れます。②が主として公法、③が主として市民法ないしは民法、商法の領域と考えてよいでしょう。しかしながら、①を不問に付す近代日本の公法は、実は、「お上」（＝国家）が神のような位置にいることに気づかなければなりません。

今日、日本の福祉の構造改革でいわれている「措置制度」から「契約制度」への転換は、どういう構造をしているのか。これは、次にみるように、公法から民法へとシフトしていることがうかがえます。もし、「サービス提供」という観点からみれば、商取引の「契約」に近いものになると考えられます。ただ「人間」が中心的に介在しているので、人間の行為を「商品」に見立てれば、という制限つきです。しかし、それは困難をはらまざるを得ないでしょう。

では「契約」とは何か。歴史的には六世紀の東ローマ皇帝ユスティニアヌスの編纂《さん》した「ローマ法大

ローマ法

古代ローマの建国（紀元前八世紀中頃）以来、六世紀前半のユスティニアヌス帝の立法事業に至るまでのローマ社会において形成された法律をいう。一一世紀末に「ローマ法の復興」が起こり、膨大な各分野の法律が「ローマ法大全」と総称され、その後に西欧各国の実定法源として受け入れられた。

全」が近世の契約理論の基礎になったといわれていますが、ヨーロッパ大陸法と英米法では考え方も少しずつ違っています。しかし、基本的には取引や約束において「信義を守る」ことが前提になっていますので、やはり社会的モラルは欠かせないし、ましてや福祉の事柄に関してはなおさらそうでしょう。

土地、動産、建築などに関する契約は、各種の条件についての交渉の結果成立します。その合意は口頭または書面によってなされるので、「明示の契約」といわれますが、あまり明示的でない仕方でも契約は成立します。例えば、バスに乗るとき、バスが停留所に止まると乗客が乗り込み、料金箱に料金を入れる。これによって、バスの所有者が乗客を一定の停留所に運ぶことを約束する契約がなされたことになります。英米法では、この種の契約を「事実のなかに黙示された契約」(contract implied-in-fact) と呼んでいますが、当然のことながら、バスの運転手には乗客の命を安全に保つための職業的モラルが要求されています。

福祉に関してはあえて口頭で約束しなくても、福祉実践者に職業的モラルが要求されるのは当然のことです。

介護保険の哲学

福祉にはモラルや人と人との関係づくりと同時に、制度づくりの面が重要です。「制度の哲学」を主唱

図1－3　お金の流れと制度

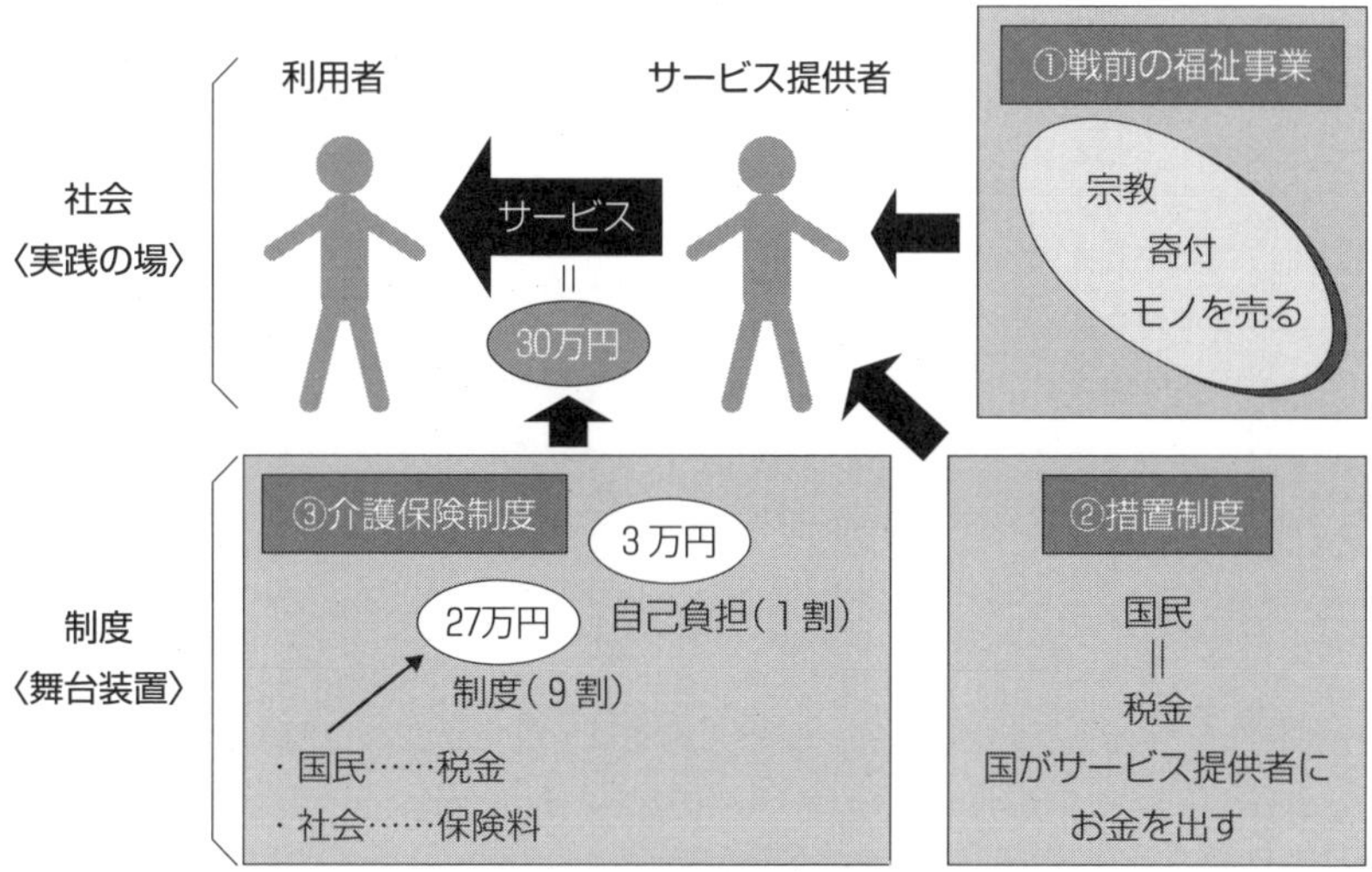

資料：阿部志郎・河幹夫『人と社会』中央法規出版、2008年、114頁

する河幹夫の説明によると以下のようです。

「制度とは舞台装置である。舞台の上には福祉実践である社会が存在し、サービス提供者と利用者の関係が存在している。たとえば介護サービスを一ヶ月間利用することで三〇万の費用が発生したとする。利用者が全額負担するのが無理な場合、一割のみつまり三万円をサービス提供者に払う。そこで残り二七万円は他の財源で負担せねばならない。措置制度では国が税金からサービス提供者に対して二七万円を支払っていた。これではサービス提供者の側に利用者に対して優越感が生じ、両者の関係は平等にはならないであろう。両者の間を対等な関係にするには、社会保険方式を取り入れてお互いの間で「契約」の形にすればよい。そこで、介護保険制度はこの「契約」を採用したのであり、残り二七万円を（サービス提供者にではなく形式的に）利用者自身が自らの保険から払ったようにする。つまり措置制度がサービス提供者に向けた支援であるのに対して、介護保険方式は利用者に向けた支援である。法律的に言えば、措置制度は主として公法・行政法の世界だが、介護保険方式では舞台の上は民法のルールの世界であり、公法（お上）は舞台装置としてしか登場しない。[5]」

前述の「制度の哲学」の説明によると、例えば、介護福祉事業に対して全額税方式を主張することは、措置制度に戻ってしまうことになります。したがって北欧諸国のように税金をもっと高く設定して福祉を実践する方向は、歴史的背景の違う日本では、公依存、お上依存を強めることになります。これでは官尊民卑、滅私奉公の傾向の強い日本で市民社会形成はますます遠のいてしまう、こういうジレンマを抱えることになりかねません。したがって、現在の福祉は現場で多々問題を抱えてはいますが（特に「財源」のレベルで）、それでも「契約制度」の意味内容を深めていくことが、今後に残された大きな課題です。

契約制度の問題点

ところで、福祉の構造改革によって、福祉サービス利用者とサービス提供者の間が原理的に対等な契約関係になったとはいうものの、問題はすべて解決されているわけではありません。

第一に、有効に契約を締結するためには意思能力が必要であり、意思能力が欠如している者は原則として契約によって福祉サービスを利用できないことになります。このために、代理権のない家族が本人の代わりに契約手続きを行っている場合があり、この場合に契約の有効性をどのように説明するのか、本人の利益をどう保護するのかといった問題が生じています。

第二に、契約当事者は基本的には対等なものとして考えられていますが、現実にはサービス提供者と利用者との間には種々の不均衡、非対等性があります。利用者は福祉サービスを利用する必要に迫られて契約締結を行うのであり、利用しないという選択を行うことができないので、不利な契約が締結されてしまう場合が出てきます。

第三に、契約では、契約当事者以外に法的な責任を追及することができません。例えば福祉サービス提供者が法人であり、利用者が当該法人と契約を締結して福祉サービスを利用する場合、利用者は法人に対しては責任を追及することはできます。しかし、代表者個人や実際にサービスを行う従業員（ホームヘルパーなど）個人に対しては契約上、責任を追及することができず、救済が不十分になる可能性があります。

これらの諸問題に取り組んでいくことが今後の課題となります。法律的に「契約関係」を是正して利用者保護の方向で、例えば「信認関係」と呼ばれる理論も研究されています。「契約関係」においては当事者の関係は対等でしたが、「信認関係」では強者対弱者のように非対等がはじめから前提にされています。信認関係では受益者（利用者）の利益を図ることを受認者（サービス提供者）に義務づけています。

信認関係は信頼を保護する法関係、すなわち「信頼と誠実」の法関係です。このように信認関係は、主に受認者に高度な忠実義務を課すことによって成り立っています。社会福祉のみならず社会保障全般に強い「信頼と誠実」が要請されている時代です。[6]

ただし、それが果たして法律的レベルのみで可能かどうかは必ずしも明確ではありません。多分、社会のなかにモラル、または市民的美徳が醸成されてこなければ信認関係は機能していかないのではないか、筆者はこのように考えるのです。福祉社会の形成は、社会のなかにどうしてもモラルないしは倫理的価値の醸成を育むことと並行してなされねばならない、と。

信託理論

介護保険の導入によって加速された、福祉分野の「措置から契約へ」という場合の「契約」は、商取引の場合の「契約」ではなく、市民の心の触れ合いから発生する信頼に基づくルールづくりの訓練とみなすべきものです。利用者と事業所との間の「契約」であり、その事業所は従来のような社会福祉法人だけでなく、NPOや住民が立ち上げる互助組織、協同組合のようなものまで含まれるからです。もちろん営利企業も参入してきますが、「契約」は市場での「価格」競争によって決まるという意味で解することはできないでしょう。そうではなく、西洋の社会契約論が本来問うていた場合の、その「契約」の考え方まで戻らねばならないのではないか、と筆者は考えます。そうすると一六～一七世紀の時代に当然であった神や「超越」との関係、スピリチュアリティや信約との関係は避けられなくなるでしょう。

ここで、筆者が「社会契約論」の「契約」の考え方といっているのは、法律的レベルから倫理的、宗教的レベルにまで及んだ総合的な哲学的テーマです。実は、近代の社会契約論は「信託」概念と深く関係していました。そして信託と信認関係はいずれも「信」という内容を含んでいる意味でやはりつながりがあるのです。

信認関係は歴史的にはヨーロッパ中世において発生し、一四～一七世紀にかけて発展した信託の法理

信託

その辞書的な意味は「信用して委託すること」。法律用語としては「他人（受託者）をして一定の目的に従って財産の管理または処分をさせるために、その者に財産権そのものを移転し（所有権などの移転）、またはその他の処分をすること」。受託者は信託義務違反があるときは損失填補をしなければならないし、受益者は受託者がした信託財産の違法な処分行為を取り消すこともできる。信託法にいう信託は中世イギリスで発達したもので、今日、英米法系の国の実定法では、遺産の管理運用や、病院・大学などの公益財団の運営に信託が利用されている。日本には日露戦争（一九〇四（明治三七）～一九〇五（明治三八）年）後に「担保付社債信託法」として信託法理が取り入れられたのが初めてである。

が拡大適用された法関係であるといわれています。その起源は中世イギリスで行われていた不動産に関する慈善信託（charitable use）で、当時、財産を教会に遺贈・寄進するという伝統がありました。死後の霊魂の安寧を願ってといわれています。その宗教的意味はともかくとして、寄進を受けた教会や修道院はこれらの収益を用いて救貧や医療、教育などの事業を担っていました。法的には、ここに三者関係があります。つまり人々（委託者）が第三者（受認者）に土地を譲渡し、当該第三者にその土地を教会（受益者）のために管理させ、その収益を教会に収めさせたというものです。

今日の日本でも、法的な信託行為とは通常、委託者、受託者（受認者）、受益者の三者からなっています。例えば、信託法の総則第二条に「この法律において「信託」とは、次条各号に掲げる方法のいずれかにより、特定の者が一定の目的に従い財産の管理又は処分及びその他の当該目的の達成のために必要な行為をすべきものとすることをいう」とある通りです。つまり「委託者」が財産を直接に「受益者」に譲渡するのではなく「受託者」を経由して行う仕組みです。

社会契約論と憲法

法的な信託行為と社会契約論とは、すぐにはつながりません。なぜなら前者は市民社会のルールですが、後者は国家形成の論理だからです。国家形成の論理をトップダウンに主権概念から構成したのが一六世紀のフランスの政治哲学者ジャン・ボダンでした。ただ歴史的には、個々の市民からボトムアップに立ち上げて国家形成の論理に転用した例があります。現代の民主主義的国家論はこの両者の折衷のうえに成り立っています。

そのことがよく表れているのが、日本国憲法でしょう。憲法前文に「そもそも国政は、国民の厳粛な信託によるものであって、その権威は国民に由来し、その権力は国民の代表者がこれを行使し、その福利は国民がこれを享受する…」と出てくるところです。

ただ、この憲法箇所に「信託」の文字はみえますが、当該登場者は「国民」と「国民の代表者」の二者のみであって第三者がいません。これでは三者関係としての信託行為が成立していないではないかと思われるかもしれません。

この憲法箇所と「信託理論」との関係で思い起こすのは、ジョン・ロックの『統治論』の一節にある部分です。トマス・ホッブズの主権国家論に対抗したロックの信託理論は、個人間の契約によるブルジョア経済社会（市民社会）から「立法権」を生み出す装置でありました。ロックによれば、

「以上がすべての形態の統治（国政）において、社会によって立法部に寄せられた信託と、神と自然の法とが、あらゆる国家の立法権に課したいくつかの制限である。…立法部は、国民が、彼ら自身あるいはその代表者をつうじて同意を与えるのでなければ、国民の所有物の上に税を課してはならない。…」（第一一章）

ここで、「国民」と「代表者」以外に第三者の「神」が出てくるのですが、その理由は『統治論』の冒頭の部分からわかります。

「（自然状態は）同じ種、同じ等級の被造物は、分けへだてなく、生をうけ、自然の恵みをひとしく享受し、同じ能力を行使するのだから、すべての被造物の主であり支配者である神がその意志を判然と表明して、だれかを他の者の上に置き、明快な命令によって疑いえない支配権と主権を与えるのでないかぎり、すべての者が相互に平等であって、従属や服従はありえないということは何よりも明瞭だからである。」（第二章）

ロックは一七世紀のイギリス人であり、当時のヨーロッパの人々が共有していたキリスト教の創造者なる神を持ち出すことによって三者関係をつくっています。神が王に主権を委託する可能性は残っていますが（王権神授説）、今日の民主主義ではそれを考えることは難しいでしょう。それでも「国民」（受益者）、「代表者」（受託者）以外にも「神」（委託者）が登場していて、これで三者関係の信託理論として首尾一貫しているわけです。そこで、今日の日本国憲法でも、国民、代表者以外に以下のように登場アクターをもう一者増やして三者にすることを考えてみます。

日本では明治初期の自由民権論者が行ったように、国民一人ひとりが天賦人権論（「天は人の上に人を作らず、人の下に人を作らず」）で主張されたように、「天」から民に人権、自由、生命、財産権が授与されていて、これらの権利を守るために「信託」なる形で政体を構成している、と解しましょう（そうでないと再び皇祖皇宗、すなわち天皇の祖先神が復活する！）。つまり、国民、代表者、天の三者関係です。ただ、「天」が直接に受益者（国民）に諸権利を譲渡しようとしても、そこに「万人の万人に対する闘争」（ホッブズ）の事態が生じて諸権利が侵される可能性があります。そこで、どうしても「権力」（政体）の設立

トマス・ホッブズ（一五八八～一六七九）

英国の哲学者で近代政治学の祖の一人。オックスフォード大学に学び、大陸に渡りデカルト、ガリレオらと交わった。『リヴァイアサン』などで機械論的自然観・人間観を表明し、それに基づいて国家成立のメカニズムを説いた。自然権をもつ人間は、「万人の万人に対する闘争」にある自然状態から社会契約によって国家状態に移るとされる。

ジョン・ロック（一六三二～一七〇四）

英国経験論の代表的哲学者、政治思想家。王権神授説に反対して社会契約論をとり、神から人類の始祖アダムに委託された最高権力は国王ではなく人民のほうにあり、政治は人民の同意のもとに行なわれねばならないと主張する。アメリカ独立革命、フランス革命に影響を与えた。

が必要になります（「設立による主権」）。このようにして立てられた権力は代表者がこれを行使することになります。

したがって、この場合の信託理論の三者関係とは天（委託者）、代表者（受託者）、国民（受益者）となって、一応は納得のいく解釈ができます。ここで、日本国憲法で「天」をあえて持ち出す理由は「国政は、国民の厳粛な信託による」という言葉にあります。実際、憲法英語版によれば「厳粛な信託」＝sacred trustとなっています。「聖なる信託」＝「厳粛な信託」とは「天」に恥じない良心をもって国民一人ひとりが民主主義を創ろうという決意ということでしょう。「五〇にして天命を知る」の東アジアの儒教的文化風土にも合っているでしょう。良心、よい心は徳から発します。したがって市民的美徳、すなわち仁、義、礼、智、信または「友愛と連帯」を重んじることが期待されている、ということです。

以上のようにロック的な信託理論から、市民的美徳を重視した国家論を提起することも不可能ではないでしょう。ただし、ここでは受託者たる国民の代表者に、高度な忠実義務が課せられることになります。それだけでなく、ルソー的な国民主権を採用する限り、回りまわって国民の側に高度な市民的美徳が要求されてもいるのです。このようにロック的な国家論と、一人ひとりの美徳の具体的発揮とは、どうすればスムーズにつながるのでしょうか。国家主権の働く一億二〇〇〇万人を包括する抽象的な国家と、一人ひとりの具体的な「生活世界」とにはかなりのギャップがある気がします。

そこで筆者は、第四章で述べるように、主権が付随する「国家」と、領域主権の優先する「市民社会」とを明確に区別することによって、このギャップを免れようと考えています。

「環境」と「福祉」

国家主権を全く否定することはできませんが、現代ではこれを相対化する方向が世界の趨《すう》勢です。現在、国民主権というように一国レベルで考えていてもどうにもならない問題が多々あるからです。地球環境問題はまさにその大きな問題の一つです。環境と福祉とは深く関係しているので、これをみておきましょう。

二〇〇九（平成二一）年九月下旬、政権交代直後の新内閣総理大臣の鳩山由紀夫は国連で演説し、「日本は二〇二〇年までに一九九〇年比で地球温室効果ガス二五％削減」を打ち出しました。すでに温室効果ガスの「二〇五〇年までの排出量半減」を国連レベルで目指すことでも一致していました。しかし二〇〇九年一二月のコペンハーゲンのCOP15では、各国の利害が絡まってトーンダウンしてしまったのは残念なことでした。

二酸化炭素の排出量の飛躍的増大は、産業革命以後の近代文明の特徴です。今日、二酸化炭素をはじめとする温室効果ガスが地球温暖化の主要原因と考えられています。産業革命は市場経済の発展を促してきました。市場経済の社会では、国民に対しての国家主権の「強制力」が働く場は、国民からの税金の徴収に表れています。「強制力」は明らかに「権力装置」としての国家の側面ですが、国家にはもう一つ「福祉装置」としての側面があります。つまり、政府はこの税金収入を、社会保障、その他の公共サービスとして国民に還元してきました。戦後の産業化社会での政府の機能の一つは、福祉国家としての運営で、これまでは現金給付が主体でした。

しかし、福祉国家も、脱工業化社会への産業構造の変化、女性の社会参加、高齢化社会の到来などで、地域の住民に密着したサービス、特に介護サービス提供などのほうにウエイトを置かざるを得なくなりつつあります。他方、二酸化炭素削減と環境を配慮した持続可能社会への移行は、これまた住民に身近な地域コミュニティの緑化を促しています。無限の経済成長を見込んだ企業や消費者からの税収は望めなくなっていますが、逆に、環境税のようなものの導入はむしろ十分に考えられる時代になっています。

ここで生活者主体の地域コミュニティを中心にして、「環境」と「福祉」という異なる人間生活の分野が結びつく可能性が出てきています。「環境」と「福祉」とは本来、別の起源をもった分野でしたが、生活者としての住民という視点からは、同時に緊急性をもって解決を要求されている問題群です。

脱工業化社会に至って、「豊かさ」の基準が変化しています。工業化社会では経済の成長に制限はなかったのですが、これは地球資源が無限にあると考えられていたからです。このときの国民の豊かさの基準はGDP一人当たりの数値が伸びることでした。しかし資源は有限であることがはっきりしてきましたし、長時間労働で、かつ公害の多発する社会に生きていれば、いくら数値的にGDPが伸びても誰も「豊かな生活」とは考えなくなるでしょう。

また、現在「豊か」であっても次世代はどうなのか。さらには、「貧しさ」に取り残された国々との間の「公正さ」を配慮する必要性は、喫緊の課題です。つまり今日の課題は、①有限な地球資源に依拠した人間の経済活動は、本来エコロジカルな限界をもっていることの認識、②市場で行われている活動だけを評価せず、介護、ボランティア活動、地域コミュニティにおける相互交流の行為など、市場になじまない多様な人間活動を評価することであるといえます。

「多様な人間活動」をどう評価していくのか、これは「本当の豊かさ」「生きがい」とも関係する生活者の価値的・倫理的事柄であり、広い意味での福祉、すなわち人間の幸福の質にかかわる事柄です。ダム、道路の建造型の公共事業から、環境配慮型のグリーン・ニューディール（グリーン公共事業）へ、さらには人間配慮型のヒューマン・ニューディール（ヒューマン公共事業）へと社会構造を転換していくことです。

公共事業は税をもって営まれています。人間配慮型の公共事業、すなわち福祉社会の建設がこれからの主流になるでしょう。

日本で福祉について語るとき、いつでも、北欧型の高福祉が引き合いに出されます。しかし、先述したように、北欧型の高福祉高負担という福祉のあり方、これは日本でモデルにすることがそんなに簡単ではないと思います。単に負担（税金）を上げれば高福祉になる、そういう単純な問題ではありません。そこには深い「人間の問題」が横たわっています。今日の社会保障論議は政治家をはじめ、マスコミ、研究者も、この点への自覚が十分になされていません。

実は、北欧の高福祉高負担は、過去のヨーロッパのキリスト教の歴史と深く関係した制度なのです。にもかかわらず、そのことをきちんと説明した文献が日本にはありません。公共福祉にとっては重要な知識なので、以下に簡単に記しておきます。

欧米とキリスト教の伝統

ヨーロッパ近代の歴史的ルーツの一つは一六世紀の宗教改革にありました。それ以前の中世のローマ・カトリック教会の一枚岩が崩壊し、宗教改革後の教会と国家の関係は多様な形を取りました。福祉についていえば、伝統的には中世までローマ・カトリック教会が貧者と病人のケアなどの福祉的事業、そして教育に対して責任をもっていました（第二章第一節参照）。ところが、宗教改革とともにカトリック教会からの分離が、福祉のあり方にさまざまな違いをもたらしたのです。大きく、北ヨーロッパ（スカンジナヴィア諸国、イギリス）、大陸の西ヨーロッパ（ドイツ、オランダ、ベルギー、オーストリア、スイスなど）、南ヨーロッパ（フランス、スペイン、イタリアなど）の三つに分類できます。

北ヨーロッパのうちスカンジナヴィア諸国はプロテスタント・ルター派、イギリスはプロテスタント・アングリカン、大陸の西ヨーロッパはプロテスタント、カトリックのモザイク状、南ヨーロッパはカトリック、といった複雑さです。

特にスカンジナヴィア諸国にいま注目しましょう。この地域はルター派教会が国民教会となり、宗教勢力と世俗勢力（王権、領主権）のある種の融合をもたらしつつ国民国家が形成されました。宗教教会と宗教的序列のなかにあった諸財産が国家に没収され、聖職者たちは領邦国家の官僚群に編入されました。このようにして北ヨーロッパでは、はじめの頃はルター派国民教会が福祉的事業を提供していましたが、領邦国家が教会の代わりに福祉を供給するシステムが比較的に早くから緩やかに発展し、これが均質なルター派的国民教会という制度のなかで正当化されたのです。

これを国民の側からみてみると、国民それぞれが属している領邦教会（教区教会）に信頼を寄せていたように、領邦国家（地方政府）に信頼を寄せていったので、やがて産業化社会の到来で資本家、労働者ともに、政府に納める税金が高くなってもあまり文句を言わなかったのです。実際にそれは福祉サービスとして戻ってきたからです。そしてこのことが今日でも、社会民主主義政権のもとで過度の国家的抑圧という感じなしに、国民に必要な拠出を促している大きな要因になっているのです。

しかし、カトリックが支配的であった南ヨーロッパでは、カトリック教会が世俗国家とは敵対的でしたし、国家もカトリック教会を敵視していました（どちらも中央集権的で絶対的支配を要求していましたから）。フランス革命はそれが如実に現れた出来事でした。南ヨーロッパではカトリック教会が二〇世紀に至るまで福祉組織（学校、病院など）を提供し続けたので、逆に、国民的な福祉国家の発展を遅らせることになったのです。国民の側の高い税金への義務感も育ちませんでした。

しかし興味深いのは、いわゆる西ヨーロッパの場合です。これは今述べた二つのちょうど中間の形式が現れました。基本的にはプロテスタントとカトリック、さらにヒューマニズム（人文主義）がモザイク的に入り組んでいたため、多元的、多層的に市民の自治意識が強く育ち、キリスト教民主政党が生まれ、多数の中間集団がつくられました。国家はこれを補完する程度の政治形態、そして中間集団が担う福祉制度ができてきました。一七世紀ドイツの思想家ヨハンネス・アルトゥジウスの政治思想がそれにうまくフィットしています。

実は、筆者が今後の日本に一番必要なモデルとして考えるのが、この西ヨーロッパのケースなのです。どういう点かというと、宗教的背景は違うのですが、伝統を基本にしながらも、もともと多元的、多層的な文化の重層構造があって、これを福祉に活かしていくというところです（終章参照）。今後、急速に高齢化に向かう日本が、南アジアなどからの移民を寛容に受け入れつつ、市民社会を築かねばならない状況と重なります。

新大陸アメリカの場合は国民教会（国教会）という考え方が全くなかった、というよりも、もともとヨーロッパの国教会に反発した人々が移民してできた国でしたから、教会はすべて自由教会です。政治経済イデオロギーも自由主義、民間主導であり、今日でも社会サービス支出の数字で国家の関与がヨーロッパ諸国に比べてはるかに低いのはそういう理由からです。

しかし、国家的支出が低くても民間の自由教会などが草の根的に福祉を担っているところが、日本と

ヨハンネス・アルトゥジウス（一五五七〜一六三八）

宗教和議の二年後、北ドイツで生まれ、スイスのジュネーヴ、そしてバーゼルで教育を受け、エムデンに住んだ。主著に『政治学』がある。社会のなかにギルドや村落、都市など多様な社会連合体（consociation）があることに着目し、これらの間で、また為政者との間で社会契約を結ぶことによって平和な社会を築けるとして、初めて社会契約論を提起した。後世の社会契約論者のように契約を結ぶ主体は個人ではなく社会連合体とし、これら社会連合体が自立した生活権をもつと主張する意味で、現代の領域主権論の祖とみなせる。

は全く異なります。今日のような金融危機から生じた大量の失業者への対応でも、給食サービスなどを提供しているのは草の根的に存在する自由教会やその関係のボランティア団体が多いのです。例えば、実際に、各家計から支出される福祉費の割合への民間と税金の合計は、スウェーデン四一・二%、アメリカ三九・六%でほぼ同じというデータもあります。

欧米の福祉資本主義のタイプ

日本の社会福祉・社会保障の文献では、大陸の西ヨーロッパと南ヨーロッパを一緒にして「保守主義的社会政策」の名で呼ぶものが流布しています。例えば、先述したエスピン＝アンデルセン著『福祉資本主義の三つの世界』がそれです。

同書は現代福祉国家論の研究分野で大きな影響を与えました。著者はデンマーク出身の社会科学者で、「脱商品化」という概念を提起し、そこから福祉国家の類型を導入して研究者に多くの話題を提供しました。

脱商品化の度合いを示す指数の要素は、①社会保険（年金、失業保険、疾病保険）の給付の標準的な純収入に対する比率、②その受給資格を得るための加入年数要件、③財源のうち個人負担の割合、などです。資本主義社会では、労働者の生存が自己の労働力を販売することにかかっているという意味で、人間は〝商品化〟されているということになります。したがって脱商品化指数が高いとは、老齢退職や失業・傷病のために労働力が一時的または恒久的に「売れない」場合でも、相当の所得が税金ないし社会保険制度によって補償され、かつその費用が、本人の拠出よりも政府や雇用主によって負担される程度が高いことを意味します。

こうして、エスピン=アンデルセンは脱商品化とそれに加えて階層化という二つの指標を導入して、OECD先進国一八か国の統計を整理するなかで、福祉資本主義に三レジームがあることを見出しました。福祉政策を社会民主主義の北欧、保守主義のヨーロッパ大陸、自由主義のアメリカや英語圏の国々と大きく三レジームに分類しています。ただ、著者自身が北欧出身（デンマーク人）であるせいか、北欧が普遍主義、ヨーロッパ大陸は保守主義という言い方で呼ぶのはやや納得いかないところです。主として経済面とそれに関連した数値を考慮した戦後の福祉国家論である、という意味ではやむを得ない面がありますが、しかし文化的なものを本格的に考慮するならば、もう少し人文学的、哲学的な手法も必要です。筆者は西ヨーロッパをネオ・コーポラティズムと呼ぶのがよいと考えています。

特に、エスピン=アンデルセンが大陸保守主義の背景を「ヘーゲル的、ビスマルク的国家主義」「カトリック的補完性の哲学」と一括した表現で済ませているのは問題でしょう。これは明らかに現実の矮小化です。なぜなら、先述したように、ヨーロッパ大陸の西と南では明白にその特徴が宗教的に違うからです。南方はカトリック、西方はカトリック、プロテスタント、ヒューマニズムのモザイク状です。

まず、ヘーゲル的な国家主義と南方のカトリック的な補完性の哲学は異なること、次に、大陸西方プロテスタント的な中間集団重視の歴史は、国家主権論とも補完性とも異なること、この二つに注意したいと思います。

ヘーゲルの歴史哲学では、ブルジョア市民社会が欲望追求によってモラル崩壊を招くこと（今日でいう市場原理主義）、それを統制するために国家というモラル共同体を想定します。そして、国家は「世界精神の発現」であり「人間世界における神の歩み」であり、そのうえで「国家の人格性はただ一人の人格、すなわち君主としてのみ現実的」ということになります。

一方、カトリック教会の強い影響のもとにある文化圏では、伝統的な家族制度の維持のために大きな努力をはらいました。家族がその構成員にサービスを提供することができなくなった場合にのみ、「補完性」の原理に沿って国家が介入するのです。同時に、ヨーロッパ大陸にあったギルド的同業組合型（コーポラティズム）モデルを、資本主義経済が発展していくなかでも社会を維持する道と考えました。すなわち個人を市場による個人化と競争（労働力の商品化）から守り、階級対立の論理からも切り離し、有機的な全体と一体化させていく手段として捉えたのです。コーポラティズム的な福祉は、カトリック教会の大いに採用するところとなり、社会問題に関するローマ教皇の二つの主要な回勅のなかで積極的に表明されました。レルム・ノヴァルム（回勅「労働者の権利について」・一八九一）とその四〇年後のクワアドラジェシモ・アンノ（回勅「労働者の権利について」四〇年後の改訂・一九三一）です。

しかし、ドイツ帝国でビスマルクが最初の社会保険計画を導入しようとした時（一八八三年）、二正面からの戦いを強いられました。一つは市場での解決を優先する自由主義者との戦いであり、いま一つはギルド・モデルないしは家族主義を主唱する人々との戦いでした。そこでビスマルクはヘーゲル的な強い国家主義の方向を望みました。つまりビスマルクは、家族をパターナリスティック（家父長主義的）に直接に国家と結びつけ、国家と家族の間にある中間集団の自立を好まなかったのです（ちなみに日本から、伊藤博文らが明治憲法調査のために渡欧し視察したのが、ちょうどこの時期と重なっていたのは、実に興味深いことでありました）。

また、大陸を一括して「保守主義」の名称でくくれない大きな理由は、プロテスタントの強いオランダの場合です。西ヨーロッパのプロテスタントにとっては、コーポラティズムは、常にこれまでフランス革命的国家主権論とヘーゲル的国家主義の双方に代わる主要な代替案でありました。中間集団の自立した領域主権を主張したからです。オランダの中間集団を重視する政治思想史的淵源は中世のギルドに、または国家主権を分散する方向での社会連合体（*consociatio*）を強調したヨハンネス・アルトゥジウスの思想と一九世紀以降の柱状社会の形成にあります。これが今日の〝ワークシェアリング〟の発生につながります。

宗教的伝統についてはほとんど考慮していないエスピン＝アンデルセンの本ですが、それでも、「高齢者所得保護」のところで、欧米のキリスト教の影響に以下のように触れているのは印象的です。

「（一九後半―二〇世紀はじめの高齢者所得保護の）第三の方途はチャリティーであり、多くの国々では主に教会によって組織化されていた。先のニューヨーク調査によれば、チャリティーのみに依存しているのは高齢者全体の三・五％にすぎないとされていた。しかし、この結果からだけではチャリティーの真の意義を読み取ることはできない。一九二七年当時のアメリカでは、民間チャリティーによる給付金の総額は公的福祉支出の六倍にも達していた」[7]（ ）は筆者注

東アジアでの公共信託論

東アジアでは欧米と伝統が全く異なります。儒教と道教（無為自然の道）は東アジアの共通の遺産です。今日、日中韓三国は国境問題でいがみ合うよりも互いの愛国心を抑え、歴史認識を共有しつつ、和解（和諧）を目指すべきでしょう。理（中国人の特性）と気（韓国人の特性）、和（日本人の特性）を活かしつつ、これら全体を備えた寛容な「君子」「聖人」の育成に励んで、互いに国境を越えて学び合い、交流を深めるべきです。東アジアの伝統である「天命」を知るべきなのです。

われわれの目指すべき共通遺産は、公共信託論という言葉に要約できます。すでにみたように「信託」という言葉自体は、憲法前文に「そもそも国政は、国民の厳粛な信託によるものであって、その権威は国民に由来し、…」とあるような使われ方をしていました。先述のように「厳粛な信託」＝「聖なる信託」という意味の言葉なのですから、六〇歳を過ぎた日本国憲法は、われわれ一人ひとりが自発的に欲望を抑えた「君子」「聖人」になることを期待しているのです。「天命」の下に、一人ひとりが「天から信託を受けた」責任倫理を発揮して対処すべき時代に入った、ということでしょう。

他方で、日本国憲法は「公共の福祉」という全人類に共通する概念、国境を越えて適用可能な思想性

も含んでいました（第一二条、第一三条、第二二条、第二九条）。そこで同時にこの「公共の福祉」の新たな意味も探究されるべきです。

「公共の福祉」を活かすために、公共信託論を提起したいと思います。それは現憲法にある「信託」の考え方を、地球大規模で全人類的に拡大するとともに、かつそれぞれの地域やNGO、NPO、協同組合など環境保全や生活のニーズに応じた中間集団のもつ「領域主権論」を基本にしています。公共信託論による福祉サービスの担い手は「市民」であり、「行政」であり、「企業」です。立憲主義を尊重しつつ、しかし国民主権という抽象性に安住することなく、生活領域に信託された主権性を活かせ、という主張です。

領域主権論は、こうして何よりも、生活者が生活のさまざまな領域で生じるニーズを大切にし、一人ひとりの内面の自我を磨き上げて、良心に基づいた実践を促していきます。これが筆者の主張する「公共福祉」の根拠になっています。

市民の一人ひとりが「甘えの構造」を脱却し、国境を越えて「他者」を配慮でき、徳性を備え、自分と異なる考えをもつ者に対して寛容でありたいものです（これが「君子」「聖人」となるという意味！）。あくまでも一人ひとりの自発性と自治を重んじ、「よき社会」をつくるために互いに助け合い、補い合う。こうして、近代文明で伸びきった「欲望」のコントロール、これをまずは市民自らが率先する。次に「環境税」を導入し、これを福祉のための目的税として市民に還元していく、という処方箋《せん》です。「福祉」はスムーズに「環境」につながり、「環境」は「福祉」につながるのです。ここにこそ東アジアの公共信託論、「福祉装置としての国家」が果たすべき補完性の原理があるのではないでしょうか。

●引用文献

（1）仲村優一ほか監修『エンサイクロペディア社会福祉学』中央法規出版、二〇〇七年、二八頁
（2）G・エスピン＝アンデルセン、岡沢憲芙ほか監訳『福祉資本主義の三つの世界――比較福祉国家の理論と動態』ミネルヴァ書房、二〇〇一年、ⅵ頁
（3）斉藤弥生「女性環境の整備と福祉」岡沢憲芙・連合総合生活開発研究所編『福祉ガバナンス宣言――市場と国家を超えて』日本経済評論社、二〇〇七年、一七八頁
（4）前掲書(3)、一八七頁
（5）阿部志郎・河幹夫『人と社会――福祉の心と哲学の丘』中央法規出版、二〇〇八年、第五・六章
（6）大原利夫「「信頼と誠実」の社会保障制度に向けて――「措置から契約へ」さらに「契約から信認へ」」『週刊社会保障』二〇〇七年六月四日号、法研、四二頁
（7）前掲書(2)、九七頁

●参考文献

・仲村優一ほか監修『エンサイクロペディア社会福祉学』中央法規出版、二〇〇七年
・G・エスピン＝アンデルセン、岡沢憲芙ほか監訳『福祉資本主義の三つの世界――比較福祉国家の理論と動態』ミネル

ヴァ書房、二〇〇一年
・レナード・ショッパ、野中邦子訳『「最後の社会主義国」日本の苦闘』毎日新聞社、二〇〇七年
・新川敏光「福祉国家の危機と再編」斎藤純一編著『福祉国家／社会的連帯の理由』ミネルヴァ書房、二〇〇四年
・斉藤弥生「女性環境の整備と福祉」岡沢憲芙・連合総合生活開発研究所編『福祉ガバナンス宣言――市場と国家を超えて』日本経済評論社、二〇〇七年
・北場勉『戦後「措置制度」の成立と変容』法律文化社、二〇〇五年
・阿部志郎・河幹夫『人と社会――福祉の心と哲学の丘』中央法規出版、二〇〇八年
・大原利夫「「信頼と誠実」の社会保障制度に向けて――「措置から契約へ」さらに「契約から信認へ」」『週刊社会保障』二〇〇七年六月四日号、法研
・宮川透訳「統治論」大槻春彦責任編集『世界の名著三二 ロック・ヒューム』中央公論社、一九八〇年
・Peter Flora "Introduction", *Growth to Limits: The Western European Welfare States Since World War II*, Walter de Gruyter, 1986.
・奥村芳孝『スウェーデンの高齢者・障害者ケア入門』筒井書房、二〇〇五年
・アンソニー・ギデンズ・渡辺聰子『日本の新たな「第三の道」――市場主義改革と福祉改革の同時推進』ダイヤモンド社、二〇〇九年

第2章
ケアについて考える

1 慈恵と慈善、そして連帯

ケア学の必要性

人の一生はケアしケアされることによって成り立っています。動物のなかでも哺乳類は子どもの時期が比較的長いのですが、それでも人間は独り立ちするまでが格別に長く、ケアされる時期が長いのです。それだけでなく平均寿命が延びた現代では、最期はやはりケア（ターミナル・ケア）されなければならないでしょう。また障害があれば、当然、ケアが必要です。

序章で述べたように、ケアの内容には身体的ケア、心のケア、社会的ケア、そしてスピリチュアル・ケアが区別されます。福祉の仕事内容では、身体的ケアは主として高齢者や身体障害者のためのケアワーカー、心のケアは精神保健福祉の専門職が主として扱い、社会的ケアはソーシャルワーカーが担当する。スピリチュアル・ケアはホスピスでの看護・介護の場面でだけではなくて、トータルに生活全般にかかわるのです（表2-1参照）。特に、序章であげた竹内医師の本で述べられているように「癌患者のターミナル・ケアがもつように、疾病学的観点からトータルな生活へのわれわれの視点の転換が必要」ということで、「生活世界」の全体にスピリチュアル・ケアはかかわっているのです。それだけではなく、現代日本の自殺率の高さも、「生きる意味」を与えるスピリチュアル・ケアの必要性を示唆します。われわれは総合的な「ケア学」として福祉学を打ち立てる時代に入っています。本書の叙述は倫理学の発展も含めて、この総合的なケア学を樹立する試みです。

ケアというものが乳幼児保育、高齢者介護に端的にみられるように社会化していく時代です。それでもケアが、例えば税金による「公的サービス」というもので、すべてカバーできるとは思えません。北欧は高負担でそれをやっているというかもしれませんが、すでに述べたように、高福祉高負担に至る歴史的経緯が日本と全く異なっているので注意が必要です。北欧並みの高負担という形の税負担ではなく、税金として納めない分、その金を住民互助組織の立ち上げに使うという考えも述べました。官の力ではなく民の力を発揮するのです。

一般にケアワーカー（介護職）はその重要性が指摘されながらも、十分に評価されていません。これほど隣人への愛を実践している職業はないはずなのに、なぜでしょうか。今、日本の介護をはじめとするケアワークはその意味について根本的に意識変革することが必要ではないかと思います。ケアワーカー自身も自らの職業倫理の確立の時期にきています。

ケアワーカーのイメージの低さは、重労働の割には賃金が低いこと、次に、離職率が高いことなどが理由として挙げられます。賃金の低さを示すものとしていくつかの調査はありますが、例えば厚生労働省二〇〇七（平成一九）年の統計データからも、これは読み取れるでしょう。賃金についてみると、平均で「全産業」

表2－1　ケアの内容と福祉専門職の関係

ケアの内容	業務・職種
身体的ケア	ケアワーカー
心のケア	精神保健福祉
社会的ケア	ソーシャルワーカー
スピリチュアル・ケア	看護・介護の場面

表2-2　介護労働者の賃金等

	一般労働者の決まって支給する給与額等													
	全体				男					女				
	決まって支給する給与(注1)	所定内給与額(注2)	平均年齢	勤続年数	労働者の割合(注3)	決まって支給する給与(注1)	所定内給与額(注2)	平均年齢	勤続年数	労働者の割合(注3)	決まって支給する給与(注1)	所定内給与額(注2)	平均年齢	勤続年数
全産業	330.6千円	301.1千円	41.0歳	11.8年	68.0%	372.4千円	336.7千円	41.9歳	13.3年	32.0%	241.7千円	225.2千円	39.2歳	8.7年
福祉施設介護員	210.7千円	199.5千円	36.0歳	5.1年	29.5%	225.9千円	213.6千円	32.6歳	4.9年	70.5%	204.4千円	193.7千円	37.4歳	5.2年
ホームヘルパー	213.1千円	197.7千円	43.8歳	4.8年	17.8%	239.3千円	214.7千円	36.7歳	3.5年	82.2%	207.4千円	194.0千円	45.3歳	5.1年

注1：【決まって支給する給与】：労働契約、労働協約或いは事業所の就業規則によって予め定められている支給条件、算定方法によって6月1か月分として支給された現金給与をいい、所定内給与額に超過労働給与額を加えたものである。

2：【所定内給与額】：所定内給与額とは、労働契約等であらかじめ定められている支給条件、算定方法により6月1か月分として支給された現金給与額（きまって支給する現金給与額）のうち、超過労働給与額（【1】時間外勤務手当、【2】深夜勤務手当、【3】休日出勤手当、【4】宿日直手当、【5】交代手当として支給される給与をいう。）を差し引いた額で、所得税等を控除する前の額をいう。

3：全産業、福祉施設介護員、ホームヘルパー毎の、男・女の割合。

資料：厚生労働省「平成19年賃金構造基本統計調査」

三三万円に対して、「介護職」二一万円となっています（表2-2）。

離職率については、「全産業」一六％、「介護職」二一％（表2-3）。ただ、離職率をさらに細かく分類した統計では、この数字が各事業所によっていることを示しています。「離職率の高い事業所と低い事業所」とが完全に二極化しているのです。しかも「離職率の低い事業所の一群」（一〇％未満）は「全産業の離職率」（一六％）よりももっと低い数字です（表2-4）。

つまり、よい事業所で働いているケアワーカーは一般職種よりも賃金が低いにもかかわらず、離職率が低い、ということなのです。明らかに仕事内容に「やりがい」を感じていることがうかがえます。

表２－３　離職率の状況

	離職率 かっこ内は、平成18年度雇用動向調査及び平成18年度介護労働実態調査の離職率		
	全体	正社員	非正社員
全産業（注１）	（16.2%）	（13.1%）	（26.3%）
介護職員（注２）	21.6%（20.3%）	20.4%（21.7%）	32.7%（27.3%）
訪問介護員（注２）		18.2%（19.6%）	16.6%（14.0%）

注１：・全産業の出典は、「平成18年度雇用動向調査結果（厚生労働省）」
・全産業の離職率については、以下の算式で算出している。

$$離職率＝\frac{平成18年１月から12月の期間中の離職者数}{平成18年１月１日現在の常用労働者数}\times 100$$

・全産業については、「全体」は「常用労働者」、「正社員」は「一般労働者」、「非正社員」は「パートタイム労働者」を指す。

２：・介護職員及び訪問介護員の出典は、「平成19年度介護労働実態調査（介護労働安定センター）」
・介護労働実態調査の離職率については、以下の式で算出している。

$$離職率＝\frac{平成18年10月１日から平成19年９月30日までの離職者数}{回答のあった事業所の平成18年９月30日の在籍者数}\times 100$$

資料：介護労働安定センター「平成19年度介護労働実態調査」

表２－４　離職率階級別にみた事業所の割合

○　離職率の分布には、離職率が「10%未満」の事業所と「30%以上」の事業所との二極化が見られる。

	調査事業所数	離職率階級（%）					
		10%未満	10%～15%未満	15%～20%未満	20%～25%未満	25%～30%未満	30%以上
２職種合計	3,367	37.6	10.4	7.7	8.3	7.1	28.9
介護職員	2,235	36.6	8.9	7.3	7.4	7.1	32.7
訪問介護員	1,705	44.9	11.2	7.0	8.4	6.9	21.6

注：２職種合計：介護職員、訪問介護員の両者またはいずれかのいる事業所における介護職員、訪問介護員を合計した離職率。
資料：介護労働安定センター「平成19年度介護労働実態調査」

マスコミのつくり上げるイメージに十分に注意すべきでしょう。

それでは、「よい事業所」とはどういう事業所でしょうか。察するに、利用者とスタッフ、またスタッフ同士の間の信頼関係がうまくいっていて、従業員、利用者を大切にし、ミッション（使命）のはっきりした、そのような事業所のことでしょう。そのような事業所こそもっと増やし、かつ育てていくべきではないでしょうか。そもそも介護のような仕事は、障害者支援と同様に福祉、つまり人間の幸福を創る仕事であるのですから、「労働市場」という形で市場原理にまかせるような分野ではないはずです。

介護の市場化

介護はもともと家庭内での仕事という面がありました。しかしこれを、「介護の社会化」によって生じた「労働市場」の広がりとみたときに、女性に期待された職業とみなされることになります。主に主婦層のパート職とみなされ、昨今の財源削減ゆえに、非正規の女性介護労働者の負担が増えつつある、との指摘もあります(1)。もちろん男性の介護労働者の負担も減ることはありません。

したがってここで、介護という「労働」の質を根本的に問い直さねばならないでしょう。そもそも介護（ケア）とは何か。人をケアするとはどういうことなのか。ケアワーカーを単に家事ヘルパーのようにイメージし、それを社会化したうえで「労働」力とみたときには、確かに「賃金」との兼ね合いが問題となるのは避けられません。

しかしむしろ、「ケア」という人間を相手にする仕事が、コミュニティの自治と市民社会の成熟のためにいかなる意味をもつのか、という問いをここで提起したいのです。ケアないしケアワークは住民のネットワークづくりや地域福祉、ボトムアップな市民活動と大いに連動させることが必要ではないかと、そして賃金労働というよりも市民の「活動」である、と。その活動は、いわゆる「シャドウワーク」や「アンペイドワーク」として賃金労働の周辺部にある仕事ということではなく、住民のアドボカシー（代弁）ができるほどの専門性を身につけていく働きではないか、と。

営利を前提にする「労働」か、非営利を目指す市民「活動」か。人間の活動すべてを「労働」とみる発想は、労働「市場」の自動調整機能のなかにケアワークを組み込むことを意味します。そこでは賃金の高い労働が高級な労働で、賃金の低い労働は低級な労働とみなされるでしょう。ケアを受ける側も「サービスを買う」という発想です。

シャドウワーク、アンペイドワーク

家事労働が「影の仕事」「支払いのない仕事」という意味で十分な価値のある仕事とはみなされていないという不条理性を表現している言葉。

しかしケアワークは、「市場」の「内」だけではなく「外」にも置かれなければならないのではないか。ケアはサービス産業というよりも「人と人との心の触れ合い」であり、モラルに基づく「活動」ではないか。ケアワーカーは、医師、看護師、教師と同様の専門職ではないか。「生のニーズ」に基づいたダイナミズムが要求されていて、「領域主権」の確立に資する市民社会形成の中心にある働きなのではないかと言いたいのです。むしろ、サービス産業の「サービス」の意味を「人に仕える」という道徳的意味を込めて、日本社会のなかに市民社会を新たに形成する努力ととらえるべきなのではないか、と。この道徳や倫理の側面についてはさらに第四節で深めます。

介護保険の導入によって加速された、福祉分野の「措置から契約へ」という場合の「契約」は、商取引の場合の「契約」ではなく、市民の言葉と言葉のかけあい、対話によって、そして、心の触れ合いから発生する信頼に基づくルールづくりの訓練として受け取るべきものです。コミュニティ形成のため、かつての「ムラ社会」（同質者のみが「あうん」の呼吸で成り立つ社会）ではない形で、再び人と人とを結びつけるために福祉を住民自らつくっていく。特に介護のようなケアワークを通して互いにつくっていく努力が必要でしょう。

今後のケアワーカー（介護職）にはソーシャルワーカー（福祉実践専門職）と同様、福祉援助技術だけではなく、専門職業人（プロフェッショナル）としての社会援助の倫理観が求められます（ケアの倫理）。そして人と人とを結びつける市民レベルのモラルの醸成は、スピリチュアリティと関係せざるを得ません（ケアの倫理と友愛のモラル、スピリチュアリティについては一五二頁参照）。

ケアワークとは、住民の意見を聞いてカウンセリングの仕事ができるほどにレベルの高い仕事なのです。またそれだけの教育と訓練を要する職種です。実は、ヨーロッパ先進国で高度な福祉が発達してきた背景には、過去のキリスト教の与えたスピリチュアリティの伝統が深く影響していました。

歴史に学ぶ

ヨーロッパでは、近代化がいち早く起こり、経済活動のみならず物質的豊かさが行きわたったということはあるでしょう。しかし人間をどうみてどう扱うかという点において、キリスト教という宗教が果たした役割は大きいのです。科学革命、産業革命が起こり、機械文明が発達し、人間機械論や唯物論が発展した本場であるにもかかわらず、このような機械論や唯物論を厳しい調子で批判してきたのも、ほかならぬキリスト教、特に聖書的人間観なのでした。

ではどういう点で聖書的人間観が、今日でいう福祉と関係するのでしょうか。よく知られた「善きサマリア人のたとえ」を例にとって説明してみましょう。これはルカの福音書一〇章二五節〜三七節に出てくる次のような物語です。

イエスと、当時、どちらかというとイエスの活動に反対していたユダヤ人（律法学者）との間で「隣人とは誰のことか」という対話があった。そこでイエスは次のような話を語る。

大きな街道筋で追いはぎに襲われ瀕死の重傷を負った人が道ばたに横たわっていた。そこに当時の宗教的社会で上流に位置する人（祭司、レビ人）が次々と通りかかったのだが、そのどちらもが見て見ぬふりをして脇を通り過ごした。三人目に、下流とみなされた階層のサマリア人が通りかかり、そのけが人を見て「憐れに思い」、手当てをして自分のロバに乗せ、町の宿屋まで運んできた。しかも宿屋の主人に二日分の滞在費を置いて「よろしく介抱してやってくれ。もし費用が足りなければ帰りに寄ったときに支払うから」と言い残して仕事に向かった。

そこでこのようなたとえ話を持ち出したあとに、イエスはその律法学者に「この三人のうちで誰が追いはぎに襲われた人の隣人になったか」と言う。そうするともちろん、「最後に通りかかった人だ」と答える。そうするとイエスは「なるほど正しい答だ。あなたも行って同じようにしなさい」と。

古来、このたとえ話は「隣人愛の実践の典型例」とみなされてきました。正しい認識を示していても、実践できなければどうしようもない、というわけです。

「善きサマリア人」の現代福祉への応用を試みましょう。サマリア人のしたことには二つあります。一つは「憐れんだ」こと、もう一つは「金を出した」こと。他方、宿屋の主人のほうは施設を提供して、そして多分、その後の介抱や食事等のケア面も担当したと思われます。いわゆるサービス提供です。この物語の応用は現代の福祉の問題に大きな示唆を与えます。

現代的な福祉の言葉に翻訳するならば「現金給付」と「サービス提供」（人材と施設、ソフトとハード）ということになるでしょう。現代の福祉では単にサマリア人だけでなく宿屋の主人とセットになって、両者の行為が協働作業になっています。キリスト教史上の教会における福祉活動でも、中世のカトリック教会以来、ずっとこの二つの内容が分かちがたく協働作業として進んできたようにみえます。しかしそのうちに教会より国民国家の力が強くなり、少なくとも「現金給付」の面は、国家が税の再分配という形で負うようになりました。

現代の福祉国家論では「資金を出すのは国家である」というのは常識化していますが、ただ「憐れみをかけ介抱（ケア）の行為」を最初に発揮したのはやはりサマリア人なのです。ここに「善きサマリア人」の箇所から現代の福祉やケアワークが学んでいく重要な点があるのではないでしょうか。

ヨーロッパ中世でこのイエスの教えを踏襲してきたのは教会、特に修道院でありました。紀元六世紀、修道院制度の生みの親ともいえるヌルシアのベネディクトゥスの修道会規則には次のようにあります。「わけても病人については、すべてに先んじて配慮しなければならない。彼らに対しては、キリストに仕えるように仕えなさい。まことにキリスト自身が『わたしが病気であったときにあなたがたはわたしを訪ねてくれた』と言われたのです。また『あなたがたがこのいと小さき者にしたのは、あなたがたが、わたしにしてくれたのである』とも言われたのです」（会則三六章）。このように多くの修道院や教会は病人、孤児、貧困者などのケアをしたのでした。現代では、修道女のマザー・テレサがこの「いと小さき者」（マタイの福音書二五章四〇節）の箇所を引用しつつ、慈善活動を行っていたことが思い起こされます。

やがて一六世紀、宗教改革の時代になると、修道士、修道女のみならず「万人祭司」の教えとともに、教会が外に向けて、つまり一般市民に向けて福祉的な働きをしていきます。ドイツのマルティン・ルターと並んだスイス・ジュネーヴの宗教改革者ジャン・カルヴァンは市民生活の福祉に大きな影響を与えました。ケアは聖書のなかではしばしばディアコニア（奉仕）というギリシャ語で表現されています（新約聖書原典はギリシャ語で書かれている）。カルヴァンや宗教改革者たちによってディアコニアのための職務が教会に置かれ、教会の外に市民のための病院、孤児院、養老院、貧窮者施設などを運営し、ニーズのある人をケアしました。そのため当時の都市国家ジュネーヴには、ほかの都市にみられた〝物乞い〟はいなかったと言われます(2)。

福祉資本主義三レジーム論で「大陸ヨーロッパ」と一括りにされたところは、先述したように、宗教改革後の福祉の発展を考慮して、大陸ヨーロッパ西と南とに区別すべきものです。西ヨーロッパのスイス、ドイツ、オランダ、ベルギー、オーストリアなどでは、南欧や北欧スカンジナヴィア諸国とは異なって国家（行政）と民間との「協働」、ないしはコーポラティズムが中間集団（ＮＰＯ等）を媒介にして発達しました。これは宗教改革後にその影響でディアコニアの概念が市民に浸透したからでした。

福祉のスピリットとは

数多く行われたディアコニア実践のほんの一例として、今日にも影響を与えている、ドイツのルター派の牧師フリードリッヒ・フォン・ボーデルシュヴィングの働きについて記しておきましょう。マルクス主義の階級闘争の歴史観とは異なる「友愛の歴史観」の視点からも、注意しておいてよい事柄です。

ボーデルシュヴィングは一七七〇年以降――ドイツの産業革命が進行して資本家と労働者の対立が深まるなか――に生きました。一八四八年の二月革命・三月革命、マルクス・エンゲルスによる共産党宣言、一八六二年のプロイセン王のもとにビスマルクが宰相になり一八七一年にドイツ帝国が誕生するという激動の時代に、彼はキリスト教会の霊的刷新運動に参加しました。四人の子どもを病気で失うという悲しくつらい経験を経て、ドイツ北西部のビーレフェルト市のディアコニア施設に牧師として一八七二年赴任しました。

てんかん性の子どもたちをはじめ、病人たちを寮父母のもとに家族の形成を促し、隔離ではなく施設全体が町であり社会であり家庭であり、患者も職員も家族の一員として共同して生きる町づくりを目指しました。その町を「神の永遠の世界に錨を下ろしている」町、神の愛に根ざす共同体として、聖書の地名からベーテル（創世記二八・一九）と名づけ、そこでの居住者は一〇年間に一〇〇〇人に増えていきました。

二〇世紀になって、一九三三年にヒトラーが政権を取るとユダヤ人迫害のみならず優生思想に基づく重度障害者の安楽死作戦が実行に移されました。国内の多くの施設の障害者が次々とナチ当局に送られました。こうした時代にベーテル側は激しく当局に抵抗し、身を挺して当時の約三〇〇〇人いた障害者の多くを守ったのです。

現在、ベーテルは、約三・五平方キロメートルの敷地に多くの病院、ホーム、作業所、作業療法所、諸学校、管理棟、商店、工場、職員住宅、デパート、郵便局、パン屋や本屋などの商店、劇場、公園、幼稚園など生活に必要なあらゆる施設があり、ふつうの町並みとほとんど変わりません。この場所以外にベルリン、ブレーメン、ルール地方など八か所に障害者、病人、老人、青少年、非定住者、失業者などが現在一万四〇〇〇人、牧師、医師、看護者、福祉関係者その他の職員や家族ら一万一〇〇〇人が共に住んでいます。こうしてベーテルは「憐れみの町」「隣人愛の町」「障害者の天国」と呼ばれるようになっています。

ドイツの社会福祉は民間の社会福祉団体によって支えられています。民間が具体的なサービスを提供し、行政は現金給付など金銭的援助が主体です。伝統的にはキリスト教関係の福祉団体であるディアコニー事業団（プロテスタント）、ドイツ・カリタス連盟（カトリック）の二団体以外に、非キリスト教系のドイツ赤十字、労働者福祉団、ユダヤ人中央福祉所、ドイツ無宗派社会福祉事業団の四つの民間団体があります。一九八〇年代以降はＮＧＯなど多様な形で新たな「市民団体」が福祉の分野にも参入しています（「カリタス」はラテン語でカトリック教会が常用する言葉です。英語のチャリティー（charity：慈愛）の意味です）。

このようにしてケアは、単に身体のみならず身体的、精神的、社会的、スピリチュアルという人間の健康の全領域にかかわる面でなされているのです。

ここで、ディアコニー事業団が日本の戦後福祉と関係をもった、そういうエピソードを一つ紹介しましょう。

ドイツのキリスト教会からの日本への宣教の一環として行われた「ディアコニー事業団」の働きです。

「ディアコニー事業団」は、一八四八年に設立されたドイツ福音教会（プロテスタント教会）のインネレ・ミッションの中央委員会と、一九四五年に設立されたドイツ福音教会の救済組織中央事務所が合併し、一九五七年に組織されました。ここには二四のドイツ福音教会（ＥＫＤ）と自由教会、さまざまな職務分野と専門分野をもつ約一〇〇の専門同盟が属しています。福祉施設数で約二万にも及ぶさまざまな規模と法的基準をもった独立した施設が属しています。従業者は、パートタイマーも含めて約三〇万人です。さらに一万六〇〇〇ある地域の国教会や自由教会では、登録会員として何十万もの人がディアコニーの仕事に名を連ねています。

バイエルン州だけで五〇か所もの一八歳以上の入学者を受け入れる福祉系職業訓練校をもっています。この訓練学校で五年の訓練を受けた男性はディアコーン、女性はディアコニッセと呼ばれ、キリスト教会公認のソーシャルワーカーとなります。女性は独身で「ディアコニッセ・母の家」に属してここで共同生活をして、主として病人、障害者、老人などの介護のためのケアワーカーとして働きます。

実は、日本の「特別養護老人ホーム」成立と「ドイツのディアコニー事業団」とが深く関係しているのです。ドイツから一九五三年に来日したディアコニッセ（女性奉仕者）のハニ・ウオルフを通してです。彼女は静岡県の三方が原で、病院での無償のボランティアののち、やがて「十字の園」と名づけられた老人ホームを立ち上げました。そしてこれは、一九六三（昭和三八）年に老人福祉法という法律ができて、「特別養護老人ホーム」がつくられる際のモデルになったといわれています。

日本でも、今日、「ケアの社会化」が制度的に介護職を必要とする時代となっています。単に家事ヘルパートとして低くみられるパート職、といったイメージを振り払うべきです。ケアは人間の全体的尊厳を支援するための行為であり、私から公へと媒介する市民的公共性の働き、そのための専門職であることを自覚すべきではないでしょうか。そのために専門技術以外に哲学、倫理、歴史、公共性などの教養を学べる高等教育と訓練も必要でしょう。また、国民も意識を変えて、そのような福祉文化を生み出すための福祉教育がいま必要とされている、これを自覚すべきではないでしょうか。

二〇〇八（平成二〇）年七月の国会決議で介護報酬の少々のアップは決まったのですが、介護とは何かという議論は深まっていません。人間の尊厳を守るモラルが今後の市民社会に醸成されるのかどうか、こういった市民的公共性の問題として考えるべきときにきているのではないかと思うのです。超高齢社会は目の前です。これを否定的に捉えるのではなく、心豊かに人々が暮らせる成熟した市民社会へと日本が脱皮する転機とするときではないか、このように筆者は考えます。

人間類型と倫理

エスピン=アンデルセンは福祉国家の三レジームに対応した人間類型、つまり「自由主義的人間」「家族主義的人間」「社会民主主義的人間」を挙げています。筆者は、倫理学的に考えて「人間愛の形の表出の違い」に応じて自由主義的人間→家族主義的人間→社会民主主義的人間の順序で理解し、これを「ケアの倫理」から「正義の倫理」に移行する過程として捉えることができると考えます。

「ケアの倫理」のモデルはひとまず「家族」、そして「正義の倫理」のモデルはよき民主主義社会であり、社会契約を通した「国家」でしょう。しかしここで「ケアの倫理」と「正義の倫理」の間に、ないしは家庭と国家の間に、さらに「連帯の倫理」があることを示したいと思います。「連帯の倫理」は市民社会に散在するさまざまな中間集団がもつ倫理です。

今後の福祉について考えていく際に、人間類型は極めて重要な課題です。日本では儒教の影響で、戦前、「家族主義的人間」が圧倒的に強かったのです。戦後は高度経済成長期を経て、自由主義的というよりもむしろ「自由のはき違え」による自分勝手、ミーイズム的人間が増えています。「自分」「私」を大切にし、自己の権利主張も大事ですが、他者の権利擁護に配慮する、そのような教育が望まれます。論理的には「個人」の尊厳と自由がまずあり、個人が集まって「家族」ができ、家族が集まって「社会」ができる。これはそのとおりです。

しかし、人間の歴史的発展からいえばまず「家族」があり、次に「社会」が形成され、近代に至って「個人」の尊厳や自由が保障されるようになったともいえます。この場合「保障」するのは法律ですが、法律は「正義」や「公正」「平等」を背後にもち、法律をつくるのは主権者です。したがって「正義の倫理」という場合に、二重の意味が込められています。

つまり、主権「国家」を強調する場合もあれば、「国民」主権の国民一人ひとりという個人を強調する場合もあるということです。「国家」が先か、「個人」が先か。それに比して「家族」はその中間に位置しますが、家族のみならず、市民社会のコミュニティも種々の自発的集団（NPO／NGO等）もその中間に位置しています。

これらと福祉制度とは「友愛」と「連帯」という倫理観を通して密接に関係しているはずです。ここで「友愛」とはフランス革命の「自由」「平等」と並ぶモットーでしたが、日本ではまだ十分にその意味が深められていません。

福祉の歴史についてみておかなければなりません。欧米では、キリスト教の隣人愛の教えと福祉の歴史が密接に関係していました。第一章でみたように、北欧、ヨーロッパ大陸西と南、そして英語圏と、それぞれのキリスト教会の歴史と福祉のあり方が密接に関係していました。それは福祉国家論が出てきた後も、社会民主主義、家族主義（コーポラティズム）、自由主義といった類型論が出てくる背景になっています。日本はしばしば家族主義の類型論に入れられました。ただヨーロッパの家族主義に代わって、儒教的な家族主義とみられています。

現代ではこのような分類は、日本の場合、あてはまっていないようにみえますが、ただ、戦前では確かにこれが機能していました。そしてその意味をヨーロッパのキリスト教の果たした役割との対比で知っておくことが、今後の日本の福祉のあり方を決めていく際に重要だと思われます。戦前は、「家族」（＝私）とはいうものの、実際は国家（＝公）、すなわち家族主義的国家です。

「ケアの倫理」はその原型が「家族愛」にあることは明瞭であります。福祉もその根本に「家族愛」や「慈愛」「慈善」（charity）にあるわけですが、そこから広がって「友愛」のモラルを育みたいと願います。

慈恵

戦前の明治国家の場合、その「慈善」や「慈恵」は捉え方が大いに異なっていました。一般に、「慈善」や「慈恵」といった倫理的、宗教的概念なくして福祉の内実が成り立たないことは明らかですが、それが国家の「権力」構造と巧みに結びつけられました。天皇制慈恵主義という言葉がそれを物語っています。この「慈恵」は「家族愛」に擬せられたわけです。そして実際に、天皇を慈父に擬した家族国家観を明治国家は形成しました。

ただ、天皇自身は国家元首であり、また大元帥という軍事大権をもって国家を統率していましたから、国民に「慈恵」を示す点において、細部にわたる適任者にはなりにくい面がありました。そこでそれに代わって皇后が慈母のごとくその役割を果たしました。明治期の日露戦争の時代の雑誌にはこんなものがあります。

「皇后陛下には幾多無告の救助患者が厳寒に際し、其苦難を不憫に思召され、先日日本赤十字社病院へ双子縞反物四十反、裏地四十反を、又、東京慈恵病院へ双子縞五十反、木綿裏地五十反を各裁縫料を添へ御下賜あらせられたりと承り及び候」(『婦人新報』第九三号、明治三八年一月)[3]。

「御下賜《ごかし》」とは興味深い言葉です。それは天皇や皇后からの直接の現金・現物支給を意味していました。実は、当時の皇后の日本赤十字社や愛国婦人会とのつながりは、貧窮の救済的な意味だけでなく、国家のために犠牲となった戦傷病者に対する仁慈であり、日清、日露戦争、そしてその後の軍事政策との結びつきがありました。

また、関東大震災に際して政府、自治体と並んで皇室が大々的に救済の手をさしのべました。例えば、次のような記述があります。

「巡回救護班終了に付関係一同招集、御下賜品授与の皇后陛下極めて御満足に被思召次第を述べ、関係者の盡力を謝す」(大正一三年三月二七日)[4]。

このように、救貧や救済について公的救済が財政出動としてなされたわけですが、もちろん政府・行政からも給付がありました。そのなかで、天皇の名による慈恵的な救済の割合はどのくらいであったのでしょうか。官金救済(恤救規則)と慈恵救済(恩賜・下賜)の合計が公的救済ですが、公的救済に対して慈恵救済が相当の割合を占めていました。遠藤興一の研究によれば、一八八七(明治二〇)~一九二三(大正一二)年までの間に、年ごとに、多い年には九〇%、少ない年でも二〇%です[5]。九〇%などという数字は、まさに天皇中心の家族国家観ここに極まれり、ということでしょう。

慈善

このような「慈恵主義」は、欧米でいう「慈善」(charity)ではありません。「慈善」は全く異なるルーツをもっているからです(日本にも戦前に、数は少ないのですが、ボランティア活動によって大きな慈善事業を行った人々はいました)。

明治国家が参考にした国の一つ、当時の福祉先進国イギリスで、一八三四年に新救貧法が制定されました(明治政府の恤救規則はこれをまねたものです)。これは産業革命後の都市労働者の貧困問題に対する最低限の救済措置でした。その後、民間の各種慈善組織を調整するために一八六九年に慈善組織協会(Charity Organization Society = COS)ができました。この民間の協会は、むしろ国家からの干渉に抗する形で行動し、貧困を招く個人の道徳的習慣や規律を改善するためのケースワークを主張しました。この場合、なぜ国家から距離を置いたかといいますと、慈善すなわちチャリティの発想がキリスト教精神と深く関係していましたから、信仰に基づく行動が自発的なものであり、強制力を伴う国家の法律にはそぐわないと考えられていたからです。

またCOSの方針は、同じ民間組織としてはじまった、当時のいわゆるセツルメント運動とも異なります。COSは友愛訪問による個人の道徳的強化による貧困脱却を主眼としました。しかし、セツルメント運動は「貧困は社会経済的欠陥から生まれる」と考え、大学人、キリスト者などがスラム街に入り貧困者との人格的接触を通じて、貧困の現実からその社会科学的な理解を目指しました。オックスフォード大学で教えていたアーノルド・トインビーの働きを記念して一八八四年にロンドンに創設されたトインビー・ホールがセツルメント運動の最初です。

セツルメント

セツルメント事業ではロンドンでトインビー・ホール、シカゴでハル・ハウスが創設された。前者はバーネット夫妻の指導により、オックスフォード、ケンブリッジ両大学の関係者の協力で活動を開始し、後者はJ・アダムズ、E・G・スターによって社会改良運動を展開する拠点となった。ともに日本には、明治以降、大正初期にその活動が紹介され、キリスト者の安部磯雄、山室軍平、石井十次を先駆者として都市を中心に発展した。この事業は、仏教福祉の先駆的働きをした長谷川良信によって隣保事業と訳され、貧困生活者の生活改善、児童の積極的保護、労働者の教育と連帯、地位の向上、地方自治の振興、社会教化の促進など、地域住民の福祉向上の諸事業を策定、実施する拠点として位置づけられた。賀川豊彦は労働組合、協同組合とセツルメントの体系化を図った。大正デモクラシーの思想とともに社会連帯の階級的な運動の拠点とも考えられ、貧困地域の社会教育的側面の重視から労働者階級の文化創造と自主的な民衆運動の側面を強めた。また、医療活動も重視され、生活相談の機能とともに大正期社会運動の一つの潮流をなした。

アメリカの場合はどうだったのでしょうか。ＣＯＳのアメリカ版はイギリスのロンドンで勉強したＳ・Ｈ・ガーティンによって一八七七年にバッファローに創設され、イギリス以上に発展していきました。新大陸アメリカも産業革命を迎え、大量失業者を生み出すに至りましたが、当初は教会関係などの民間慈善団体の働きが活発でした。ＣＯＳでは「友愛訪問員」と呼ばれるボランティアが各地区を巡回して、「施しではなく友愛を」というかけ声のもとに貧困家庭を訪問しました。

各地に同様の組織がつくられ、やがて一八九〇年にボランティアであった友愛訪問員が有給化となった頃から、友愛訪問員には専門職の意識が生まれて「専門的サービス」を実施ようになりました。この有給化された訪問員が、今日のアメリカのソーシャルワーカーのルーツです。

ＣＯＳは、地区ごとに置かれた事務所を中心にして援助を行いました。地区の住民から新規の申請があると、援助の必要性について詳細な調査が行われます。援助が必要と認められた場合には自宅を訪問し、現金や衣服、食料などを届けるという活動が続けられました。主として個人と家族を対象にした援助技術であるケースワークの発展に寄与しました。これら活動の財源は市民や教会からの寄付でした。

セツルメント運動もただちにイギリスよりアメリカにもたらされ、一八八九年にはＪ・アダムズらがシカゴにハル・ハウスを創設しました。その活動は、保育園、児童公園の創設、児童キャンプ活動、児童労働保護運動、移民支援、婦人参政権運動と多岐にわたりました。生活困窮者「のために」ではなく、「と共に」生きるというハル・ハウスの発想は、後のアメリカの社会福祉の形成に大きな影響を与えました。

ハル・ハウスの活動家にはアダムズをはじめ、大学卒業の第一世代の女性たちが何人かいました。当時、能力はあっても女性であるがゆえに、彼女たちは政治家、弁護士、医師、聖職者にはなれず、その

ソーシャルワーク

社会福祉という理念や施策を人々の生活のなかに実現するために必要な、種々の「生活支援のための専門活動」をソーシャルワークという。ソーシャルワークを形態で分類するとき、その対象や実践の内容から、ケースワーク（社会福祉制度でいう個別援助技術）、グループワーク（集団援助技術）、コミュニティワーク（地域援助技術）、ソーシャルアクション（社会活動法）、ソーシャルリサーチ（社会福祉調査法）、ソーシャルアドミニストレーション（社会福祉運営管理法）、ソーシャルプランニング（社会福祉計画法）などに分けられる。特に公共福祉という民間（ミクロ）と行政（マクロ）の「協働」を強調する中間の立場（メゾ）からはコミュニティワークが重要である。

ちなみに、一九八一年の全米ソーシャルワーカー協会のソーシャルワーク実践の定義では、次のようになっている。「ソーシャルワーク実践とは、以下の四点に示す専門職として責任ある介入をすることである。①人々が発展的に問題を解決し、困難に対処できる能力を高めるよう人々にかかわる。②人々に資源やサービスを提供する社会制度が効果的で人間的に機能するよう推進する。③人々に資源やサービスや機会を提供する社会制度と人々をつなぐ。④現在の社会政策の改善と開発にかかわる」。このうちで、特に「人々の日常に寄り添う生活支援」の専門活動をケアワークと呼んでよい。

代わり、福祉分野において自己実現を達成することが可能となりました。

アメリカのセツルメントの母体としては、各宗派の教会が中心になっていました。「教会と国家の分離」の強いアメリカ社会では政府よりも民間が福祉を担う歴史があります。後に一九三〇年代の不況時において、フランクリン・ルーズヴェルト大統領のすすめたニューディールと呼ばれた社会保障政策を担った官僚の多くが、セツルメントの活動家であったことからもその思想的影響力をみることができます。

このように新大陸アメリカは、旧大陸のヨーロッパに比べて自助の精神が強く、その伝統は今日でも残っているわけです。いわば「私」から立ち上がり「公」へと媒介する市民的公共性が、特に一九世紀アメリカ社会に強くみられたのでした。その当時、旧大陸からアメリカに行き、『アメリカの民主政治』を著したフランス人のアレクシス・ド・トクヴィルは、いまだ階級制度など伝統的なものが残っていて、それと戦わざるを得ないヨーロッパに比べ、アメリカの自由民主主義のルーツを賞賛しています。

もっとも、そのアメリカ伝統の自由主義も、今日では経済の分野で別の問題を引き起こしているわけですが。

② 家族、中間集団、市民社会

家族かアンチ家族か

トクヴィルと同様、当時、ヨーロッパからアメリカに渡り、その民主主義を賞賛した人にアブラハム・カイパー（一八三七〜一九二〇）がいます。カイパーはオランダの首相も務めた政治家、思想家ですが、彼の市民社会論について触れておきましょう。

エスピン＝アンデルセンによれば、オランダの場合、今日その福祉形態は「家族主義的人間」によって担われているという分類ですが、実は、これは正確ではありません。むしろ、「ケアの倫理」と「正義の倫理」が独自の形で結びついた「連帯の倫理」によって中間集団が担うネオ・コーポラティズムがみられるのです。これは「公と私の二元論」を突破する新たな「公、私、公共の三元論」の見方を提供します。

「ケアの倫理」の原型が「家族愛」にあるというのはそのとおりでしょうが、親は子どもへの愛情をまずは教育を通して表現するでしょう。家庭教育の延長上に学齢期の教育があるわけです。当時のヨーロッパであれば、教育は宗教を抜きに考えられなかったので、初等学校といえば宗派立の私立学校だけでした[1] いわゆる公教育、すなわち国家に優位な人材を育成するという発想は、一九世紀後半にようやく出てきます。オランダでは、これは「学校問題」と呼ばれ、カイパーがまずぶつかった問題でした。

カイパーの市民活動は一八七四年に下院議員になったときにはじまります。当時、隣国のフランス革命の余波でオランダでも公立学校がつくられ、政府は「公立学校のみを財政援助し、キリスト教学校は親の負担とする」という方針をとっていました。カイパーの思想によれば、フランス革命は「無神論というイデオロギーと世界観」をもった革命であり、それゆえ、国家がすべての価値の源泉になるイデオロギーです。いわば国家そのものが今度は神のごとき地位を占める、というわけです。

したがって国民たるもの、愛国心をもち、国を愛するのは当然だ、というのです。愛は家族と友情によって育まれるのではなく、国家によって育まれるのです。これでは真に人格を確立する教育はできない、とカイパーは考えました。

こういう言い方は今日の日本人には奇妙に聞こえるかもしれませんが、実際に歴史的な文献から確かめられます。例えばフランス革命時の〝悪徳の小説家〟マルキ・ド・サドの場合にも明瞭にあらわれている国家崇拝の側面です。サドは極端なケースといわれるかもしれませんが、論理の流れとしては明瞭に歴史を反映しています。

サドの『閨房哲学』第五章の「フランス人よ！　共和主義者たらんとせばいま一息だ」というくだりにこんな箇所があります。今日的にいえば、フリーセックス万々歳、といったところですが、それでも動物ならぬ人間であるならば、人倫は無視できません。そこでいわく、

「ところでひとつお尋ねしたい、こうした乱行からいかなる危険が生ずるか？　父親の不明な子供が生まれると仰言るか？　咄、それがどうしたというのだ、祖国こそすべての人間の唯一の母であるべき共和国、生まれてくる者すべてが祖国の子であるような共和国に、われわれはいるのではないか？　ああ！　もともと祖国しか知らず、生まれた時から頼るべきは祖国のみと信じているひとびとは、どんなにか祖国を愛することができようか！　共和国のものであるべき子供たちを、諸君が家庭のなかに隔離しておく限り、よき共和国民は育たないと思わねばならぬ。…国家に対しては、いかなる愛着も湧かなくなってしまう、あたかもこの国家の恩恵が、親の恩恵よりも大切ではないかのように！(6)」

〝健全な家族愛〟の破壊者サドは、明白に今度は国家依存症という病理に陥っています。こういった当時のヨーロッパ思潮のなかで、カイパーは愛国心を中心に教育する公立学校ではなく、友愛を育む私立学校（キリスト教学校）を公立学校と同じ基準で運営すべき、と主張します。つまり財政援助は公立、私立に差があってはならないということです。このために政党を結成し、それが今日のCDA（キリスト教民主党）の前身になりました（CDAは現在与党です）。キリスト教民主党はその後、ヨーロッパのドイツ、イタリア、オーストリア、ベルギーなどにできていって、二〇世紀の政党政治に大きな影響を与えてきました。そのきっかけをカイパーがつくったのです。今日、オランダでは公立、私立とも同じ基準で財政援助があります。例えば、ヨーロッパにイスラーム教徒が増えている時代であっても、オランダではイスラーム系学校も自由に同じ基準で建てています。

ここから学ぶことは、イデオロギーや世界観の多元性を承認し、それを法律的にも保障していく。そのために種々の主張の異なる中間集団が共存する多元的社会ができている。これをネオ・コーポラティズムに基づく多極共存民主主義（consociational democracy）と呼んでいます。

特に重要なのは、国家や政府が思想を一元的に強制しないということです。それは法哲学的にいえば国家主権論が制限されているということです。市民社会の多様で多重な中間集団のグループの生活領域に主権が分散されている、つまり領域主権があるということです。筆者が「主権の問題」にこだわるのはこのような歴史を背景に考えているからです。

「連帯の倫理」へ

今日、この生活領域を大切にするオランダモデルは、「家族主義的人間」を新たな形で出現させています。「家族に優しい」政策が展開されています。一九九六年にフルタイム労働者とパートタイム労働者の法的待遇の均等化が実現しました。ここから出てくるワーク・シェアリングは、正規、非正規の雇用の差をなくして、働き方の選択幅を広げ、家族でいる時間を増やしました。子育て中の家族にとっては、子どもと親が過ごす時間が多くなると同時に、市民としての地域のコミュニティ活動や教育活動に参加していけることになりました。

北欧モデルの場合は、女性もフルタイムで労働市場に参入して雇用されるようにする、そのために保育所などを公的サービスで提供するというものでした。これは旧来の生産主義的福祉レジームに収まるものです。ところが、オランダモデルは男性が労働市場への積極的進出を抑制していくので、全く新たな脱・生産主義的福祉レジームといえるものです。

つまり、経済成長一辺倒の路線ではなく、環境を配慮した持続可能システムを目指しています。男女ともに一人当たり労働時間を減らし（より多くの雇用を実現し）、生活時間を増やすのです。労働市場による生産よりも市民としての「活動」と「参加」を尊重しているという意味で、新たなワーク・ライフ・バランスを生み出しています。

オランダモデルで非常にユニークなのは「時間の貯蓄」でしょう。二〇〇六年一月に施行された「ライフコース貯蓄規定」（levensloopregeling）によって可能になりました。これにより多様な形で労働者が利用できる長期休暇制度が可能になりました。育児や介護などのケア、家族の看取りのためのターミナル・ケア、自己研修、海外旅行等に使われています。

長期休暇制度を利用するには、各自でまず休暇用の「口座」を銀行などの金融機関で開設します。そして毎年、給与総額の一二％を限度として、給与の一部をこの「口座」に長期休暇のための費用として「貯蓄」し、後にその「貯蓄」の「残高」を引き出して休暇取得に充てます。例えば年収の一二％の額の「貯蓄」を二年間続ければ、年収の二四％を「貯蓄」したことになりますが、二年後の時点でこの「残高」を引き出して休暇に充てたとすると、その人はそれにより一年の二四％の期間、すなわち約三か月近くにわたって長期休暇を取得することが可能になり、しかもその際、給与は一〇〇％保障されることになります。各労働者は最大限年収の二一〇％までこの「貯蓄」を増加させることが認められており、もし二一〇％の「残高」を一回で使用すれば、約二年にわたって長期有給休暇が取得できるというわけです。

なお、「貯蓄」した給与額は非課税扱いとされます。有給休暇中の給与として支払われる時点で所得税が課税されるにしても、その際、一定の範囲内で税額控除の対象となります。また育児休暇のために「残高」を引き出した場合には、手厚く税制上の優遇措置の対象となることが定められているので、育児休暇中の所得保障として取得するインセンティヴは特に大きいのです。子育てのための政策としてよく機能しています。

このように、「領域主権」は人生の全領域にわたっていて、生活時間の意味の領域も自分たちのものである、という発想なのです。

ここで、特に、連帯の大事さを強調したいと思います。日本では、かつての「階級闘争」のようなイデオロギーは背後に退いたとはいえ、いまだ人々は「友愛と連帯の倫理」の意味を十分に理解しているとはいえません。つまり、オランダモデルでは、雇用主も労働者が生きがいをもって働くことこそ、本当に利益が上がることを理解しているということです。政労使がともに「時間の貯蓄」の意義を認めたからこそ可能になった制度です。そこには利害を越えて人々の間に「連帯」があるのです。こうして「ケアの倫理」と「正義の倫理」の間にはコミュニティにしろ、職場にしろ、「連帯の倫理」があることによって、人びとの「生活世界」に生きる〝幸福度〟は増していくのです（ちなみに、ある機関の〝幸福指数〟の調査では、オランダが世界一で日本は二五位です！）。

ボランティア活動とは

「連帯」と同時に、ボランティアについて考えたいと思います。福祉施設などではボランティアをする人々が入ってスタッフの仕事を手伝っている場面が多くみられます。ボランティアという英語が日本に定着して久しく経ちます。一九七五（昭和五〇）年に厚生省が市町村社会福祉協議会の「奉仕活動センター」（現ボランティア・センター）への国庫補助金を開始し、翌年には文部省が「婦人ボランティア活動促進事業」を開始しました。いわば官製のボランティア促進であって、市民からの積極的な運動ではありませんでした。

しかし民間でもボランティア活動は次第に活発化し、特に、一九九五（平成七）年の阪神・淡路大震災時には延べ一五〇万人を超える市民が自発的に被災者救援に集まり、その動きはマスコミから多くの注目を集め、この年は日本のボランティア元年なる言葉で呼ばれるようになりました。

ボランティア（volunteer）という英語はラテン語の *voluntus*（意志）からきていることからもわかるように、自分の意志からすすんで仕事を引き受ける人のことを指していて、通常は無償です。ただそのことゆえに、いくつかの問題も生じてきました。第一に善意と結びつく限り、ボランティアは「善いこと」にとどまり、行為することが賞賛の対象になるという問題、第二に、行為のきっかけとしてなされても継続できないという問題、第三は「する側」から「生きがい」としてボランティアを定義すると「受ける側」が逆に迷惑を感じることがあるという問題。

もともと欧米ではボランタリズム（主意主義）という言葉がキリスト教との関係で出てきていたので、いわゆる自発的な奉仕活動でも「隣人愛」の教えとともになされていました。したがってボランティアそれ自身が賞賛を期待するとか、自己愛を高めるという性質のものではありませんでした。日本でも仏教の「慈悲」や儒教の「仁の心」からのボランティアには同じことがいえました。したがってそういったスピリチュアルなレベルでの利他性に裏づけられていない場合には、ボランティア活動そのものが問題を生じる可能性が出てきます。

近年の教育カリキュラムでの「ボランティア活動の必修化」などのように、本来は自由意志で行うものを、他人にいわれたからやる、といった矛盾に満ちたものとなってしまうわけです。また「国は福祉への予算を削るために市民のボランティアを取り込もうとしている」といった類の批判が出てくるのは、市民社会形成のエートスの弱い日本での独特の議論でしょう。むしろボランティアを無償の行為から有償にして、ある程度の持続可能なレベルにしておいて、市民が互いに支え合う福祉文化をつくる入り口にしていく、そのほうが実際的な方法であると思われます。しかしその場合に、〝有償ボランティア〟というのは、本来、無償であるべきボランティア活動ではなく、むしろ社会的企業つまりボランティア精神に基づいた収益事業を担っている、という自覚が大事です。

経済学者はしばしば「二〇世紀型生活保障」の典型として、ケインズ＝ベヴァリッジ型福祉国家論を引き合いに出します。しかし、そのウィリアム・ベヴァリッジが一九四八年に『ボランタリー・アクション』という本を書いていることを忘れてはなりません。福祉社会をつくるには政府による社会保障政策だけでは不可能である、ということを認識していたからです。彼は社会の五つの悪（無知、不潔、貧困、病気、怠惰）を挙げ、これを撃退するために、社会や経済への市民の積極的「参加」の必要性を述べています。

福祉の場合は、たとえどんなに制度が整備されたところで、さまざまな生活上のニーズがそのつど発生するので、ここにボランティア精神は絶えず必要とされています。そもそもが制度化されないボランティアを制度化する、ということではなく、制度化されるまでの市民活動であり、ソーシャルワーク（社会福祉実践）のプロセスのなかに、今日のボランティア活動の意味があると思われるのです。具体例を歴史上の人物から示してみましょう。

二〇〇九（平成二一）年に一連の「賀川豊彦献身一〇〇周年行事」が関西と関東で同時並行的に行われました。この〝一〇〇周年〟は、有名人を記念してもたれる「生誕」ないしは「没後」という行事ではありませんでした。「賀川豊彦がボランティア救貧活動をはじめた」その献身一〇〇周年ということでした。賀川豊彦は、実にその生涯を通して〝ボランティア精神〟を発揮し続けた人物でありました。

彼は、今から一〇〇年ほど前、一九〇九（明治四二）年に神戸の当時のスラム街といわれた新川に飛び込み救貧活動に身を献げました。彼は当時、キリスト教伝道者を目指す二一歳の神戸神学校の学生でした。医師から、結核病で余命長くないと告げられ、残された生涯を最も貧しい人々のために献げようとスラム街に身を投じました。賀川の行為はマザー・テレサ（一九七九年ノーベル平和賞受賞者）の愛の行為とよく似ています。

カトリック修道女であったマザー・テレサの行為は、charity of God（神の愛、慈善）、そのものの表現ですが、世界中の多くの人々が人道的な博愛の心をそこにみました。ここにこそ「個人の尊重」、いと小さき者への共感、そして、市民社会のモラルの醸成の原点がある、と多くの人々が受け止めています。ただ、マザー・テレサが慈善として「救貧」に徹したのに比べると、賀川の場合は救貧活動から防貧活動へとシフトしている点が異なります。ボランティア精神が次々と広がっていくのです。

スラムで実践した救貧、救霊の活動はやがてセツルメント、労働運動、農民運動、協同組合運動、普選運動、無産政党樹立運動などと広がり、同志とともに日本の社会運動の基を築くこととなりました。スラムは嘘、盗み、喧嘩、傷害事件、売買春、お金のためのもらい子殺しなどの「悪」が日常でありました。それらすべてが「貧困」からくることを見出し、『貧民心理の研究』を執筆しました。

一九一四年にアメリカ・プリンストン大学と神学校へ留学、そして帰国ののち、『死線を越えて』などを執筆しました。特に後者は、自伝的小説として一五〇万部売れる大正期最大のベストセラーとなったのです。

命を長らえた彼がライフワークとしたのは、協同組合的な社会の建設でした。若い頃のスラム救済の志をもって以来、「貧困」の解消に関心をもち、それが経済学へと関心を向ける理由となり、生涯この関心は続きます。ただ、彼は個別科学としての経済学を構築するというよりも、社会実践家として経済の背景にある思想へと考察を向けています。そして、近代経済学が前提とする人間観と資本主義を厳しく批判することとなりました。

だからといって、市場万能論を避けるために、今日の専門領域の経済学者がしばしばするように、すぐに政府の役割を説くということでもありません。むしろ非市場的な民間の役割を説いています。これが彼独自の、相互扶助と友愛の各産業別の協同組合組織の主張となります。

労働組合については、留学中にニューヨークで目撃したデモから「労働者自らの力で自ら救うよりほかに道はないのだ」と思い、その着想を得たといいます。こう書いています。「もし今日の貧民階級を無くしてしまおうと思えば、今日の慈善主義では不可能である。慈善主義は常に貧民を増加さす傾向のあることは、古代の宗教慈善が物乞いを作ったことや、英国の救貧法が失敗したことを以っても証明することが出来る。それで私は、救済思想の徹底はどうしても、労働問題の根底に突き当たらねばならぬと思う。それには、社会主義、社会改良主義、国家社会主義といったような各種の主義、主張もあるが、日本の今日の現状に照らして、労働組合の健全なる発達をなさしめるより急務はないと考える[7]」。

今日、賀川の時代とは違って、日本社会の歴史的発展のなかでどのような形の「ボランティア」と「連帯」が必要とされているのでしょうか。それをわれわれは福祉社会の形成の視点から考える必要があります。

今後の福祉社会をつくるうえで賀川から得られる示唆は何でしょうか。福祉の思想家・阿部志郎が福祉事業を評した次の指摘が興味深いので紹介します。

阿部によれば、社会福祉事業家、ソーシャル・ワーカー（社会福祉実践者）というのは歴史のなかに一つの循環過程を形成してきたといいます。まず人々のニーズがある。そこでそのニーズに対応すべく当事者に代わって福祉事業家が声をあげる。そうすると社会がそれを受けて国が制度を設ける。そうすると国の役所に代わって事業家がこれを代行する。今度はこの制度がうまく機能しているかどうかを事業家が批判的に吟味していくと、制度が届かないところに新たなニーズが発生していることを発見する。ここに新たなニーズへの対応が必要になる。

以上のことを記号化すれば、ニーズ1→代弁→制度化→批判→ニーズ2、という順序です。ニーズの循環があるのです。賀川の場合はどうでしょう。

賀川が若くしてスラムに飛び込んだのは、人々のニーズに対応するためでした。スラムに埋没することなく『貧民心理の研究』という本で貧困問題を世に訴え声をあげました。このような代弁も手伝って制度化も進みます。実際に、大正デモクラシーの機運も背景にあって国でも「社会事業」という概念を取り入れていきました。例えば一九一八（大正七）年には、内務大臣の諮問機関として救済事業調査会（一九二一（大正一〇）年には社会事業調査会に改称）が設置され、生活状態改良、貧民救済、児童保護、救済的衛生、教化、労働保護、小農保護などの助成監督を取り上げるに至っています。

次に、賀川は貧困をなくすためには救貧だけではだめだと批判的に反省し、そこから防貧へと活動を移し、そのためには協同組合が必要であると思い、実際に神戸購買組合（一九二一（大正一〇）年）を組織しました。さらにその代弁のために「友愛の経済学」の提唱に至ります。そうすると、さまざまな生活領域にこの協同組合のニーズがあることがわかり、そこから次から次へと社会運動としてつくり上げることが彼のライフワークとなりました。だから彼は一つの運動が形をなすとそれを人に委ね、また新たなニーズに応えて別の運動を起こしていったのです。

賀川の協同組合運動には二つの意味があります。一つは、生活防衛の思想、もう一つは市民的結合（連帯）の思想。貧困をなくすには、単に慈善に頼るだけではだめで、自分たちで自分たちの生活を築き上げていく、リスクに対しても防衛していくことが必要です。そのため一人ではできないから協力していく、それぞれの役割を決めて互いに連帯していこうという態度です。友愛と連帯、これこそが賀川の行動のエートスでした。

こうしてわれわれは、賀川豊彦のなかに「ボランティア活動」の本来の精神をみることができるのではないでしょうか。

日本型福祉国家の中身

一九七〇（昭和四五）年代以降、そのまま高度経済成長が続けば、日本はヨーロッパ並みの福祉国家になるかと思われました。エズラ・ヴォーゲルの『ジャパン・アズ・ナンバーワン』という書物が出たのが一九七九（昭和五四）年でした。当時、こういった類の本が多く出版されて、日本の経済成長は世界の驚異の的だったのです。

しかし、当時の日本の経済繁栄は、今から評価すると、特殊な歴史的国家政策のおかげでした。いわゆる「護送船団方式」と呼ばれるものです。日本の経済繁栄は、経済成長率だけではなく、その成長の恩恵を広範囲に分配していく一方で、国民に保障を与えることにも成功し、それによって社会の生産性をさらに上昇させたと評価されています。しかしながらこれについて、先述したレナード・ショッパの『「最後の社会主義国」日本の苦闘』は次のようなややショッキングな指摘をしています。

「一九八〇年代まで、日本の社会が低コストで豊かな保障を用意できたのは、日本の企業と女性たちがみずからすすんで――しかも無料で――その重荷の大部分を引き受けようとし、またそれを実行していたからである。女性は会社をやめて老人介護を引き受け、企業は不況のときも従業員を解雇せずにがまんする。こうした行動のおかげで、国は一円の出費も負わないまま、国民の収入を維持し、介護や育児の手を確保できたのだ。(8)」

介護や育児、これは今日の福祉の大きな課題になっています。右の指摘は大方正しいのですが、それでも大いなる論争を喚起します。

まず、女性と企業を並列的に扱うのは、たとえ隠喩的であったとしても、正しくありません。なぜなら企業は組織であって人格ではないからです。女性には人権はありますが企業に人権はありません。むしろ従業員の労働者としての人権を保障するところに、企業としての社会的責任の一端はあるはずだからです。もし「無料で犠牲を引き受けた」のが女性であれば、日本の女性のモラルの高さは賞賛されるべきですが、それをいつまでも続けてよいとは、人権のうえから誰も思わないでしょう。

次に、企業の社会的責任（CSR）に関することです。「無料で犠牲を引き受けた」のが企業であれば、日本の企業は賞賛され、むしろ「日本的経営」の美点として世界のモデルにもなったのです。もっとも企業のモラルとは何かは、それ自身が問題ではあるでしょう。いずれにせよ、今日のグローバリゼーションの市場的競争の荒波のなかでは「日本的経営」はもはや成り立たない、というのが経営者側の言い分ではありましょうが。

では、モラルとは何か、モラルはどのように発揮されるべきか、これは二一世紀の大きな人類的課題であり、哲学の課題です。国家のモラル、企業のモラル、市民のモラルとそれぞれにおいて異なっているはずです。日本でモラルならぬ「品格」ものが流行する背景は、こんなところにもあるのでしょう。

企業は富や利益をつくり出す合法的組織ですから、モラルや品格という概念になじむかどうかは不明です（企業を担う人間には品格が要求されるでしょう）。しかし日本人の意識のなかには、国家は品格をもつべし、という思いが強くあるようです。もっとも筆者は、品格という、本来は人格に当てはめられる言葉を、国家そのものに帰して「国家の品格」とするところに大きな疑問を感じます。だからといって国家という組織を「暴力装置にすぎない」と言い切ることもしません。今後は「福祉装置」であるべきだ、と考えています。

むしろ、国家を形成する国民、つまり人間には品格やモラルが大切であると思っています。国家を「福祉装置」として活かせるかどうかは、ひとえに主権者である国民のモラルと選択にかかっています。

先述したように、エスピン＝アンデルセンは「福祉国家の重点は、男性の稼ぎ手とその扶養家族の所得ニードを満たすように十分寛大な所得移転をおこなうことに置かれるのである」と言っていました。一九八〇年代までの日本で「男性の稼ぎ手とその扶養家族の所得ニードを満たすように十分寛大な所得移転をおこなう」、このようなことは残念ながらできませんでした。

3 ケアワークのスピリット

国際生活機能分類

ここで、ケア学の基本となる倫理的・哲学的基盤をもう少し深く説明しておきましょう。「多様な人間活動の評価」ということをより深いレベルから考察することを意味しています。

序章で述べたように、医療、保健、福祉の方面ではこれが国際的な「共通言語」となりつつあります。人間の生活を、「多様な側面から見ていく」点に大きな特徴があります。以下で、それを少々修正した形で、筆者の創発的解釈学の視点から「生活世界」の哲学的フレームワークとして説明します。キーになる概念は階層性、相対的独立性（領域主権性）、相互依存性（補完性）です。

現在、医療、保健、福祉の方面ではこれが国際的な「共通言語」となりつつあります。

まず「生のニーズ」から生ずる生活機能を問題にします。生活機能とは人が営む生命、生活、生存の全体で、下から上へと身体構造（body structures）、心身機能（body functions）、活動（activity）、参加（participation）の四つの階層性ないしはレベルによって表現されます。ＩＣＦでは身体構造と心身機能を一つの枠でくくって全部で三層に分類し、しかも横に並べて図解することが多いのですが、筆者は身体構造と心身機能を区別して四層とし、しかも身体構造を土台として下から上へと表現しなおしています（図2-1）。人が世界に見いだす多様な意味を行為の場面で表現したものと考えればよいでしょう。これは筆者の主張する創発的解釈学と対比させるためです（図2-2の四世界論と対比せよ）。

人間は動物でもありますから、手足、心臓、胃、脳などの「身体構造」をもっています。これらの身体器官は有機的に組み合わさって「機能」を発揮します。同時に「心の機能」、つまりメンタル（心理的）およびスピリチュアル（霊的）な機能も発揮します。「活動」とは生活上の目的をもち、一連の動作からなる具体的な行為で、食事をしたり、歩いたり、トイレに行ったり、風呂に入ったり、主として私的な行為、また余暇活動、つまり趣味や旅行やスポーツも活動に入ります。ICFでは活動を「できる活動」（能力）と「している活動」（実行状況）とに分けています。「参加」とは人生のさまざまな状況に関与する行為で、そこで役割を果たすことです。母親・父親としての赤子への役割、親としての子どもへの役割、さらには地域活動や政治活動、そして宗教活動などにコミットすることなども含みます。

生活機能分類は上のものが下のものを土台としています。つまり「参加」は「活動」を土台とし、「活動」は「心身機能」を土台とし、「心身機能」は「身体構造」を土台としていますが、同時に、相互に有機的な関連があります。例えば手足の切断は歩行困難、書字困難などの「活動」の不自由を引き起こし、ひいては失業などによって社会「参加」を難しくすることがあります。逆に職場での人間関係がうつ病など「心身機能」障害を誘発する場合もあるでしょう。生活機能が十分に発揮できない状態が「障害」（disability）で、心身構造・機能に問題が生じた状態が「機能障害」（impairment）、活動に問題が生じた状態が「活動制限」（activity limitation）、「参加」に問題が生じた状態が「参加制約」（participation restriction）

図２－１　ICF（国際生活機能分類）モデル

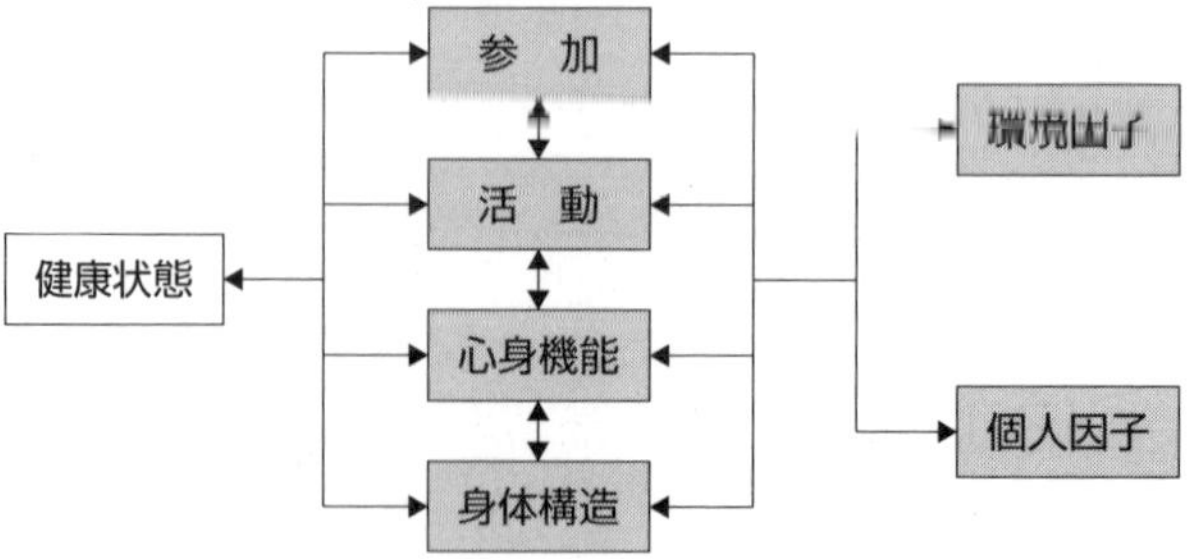

図２－２　四世界論としての創発的解釈学

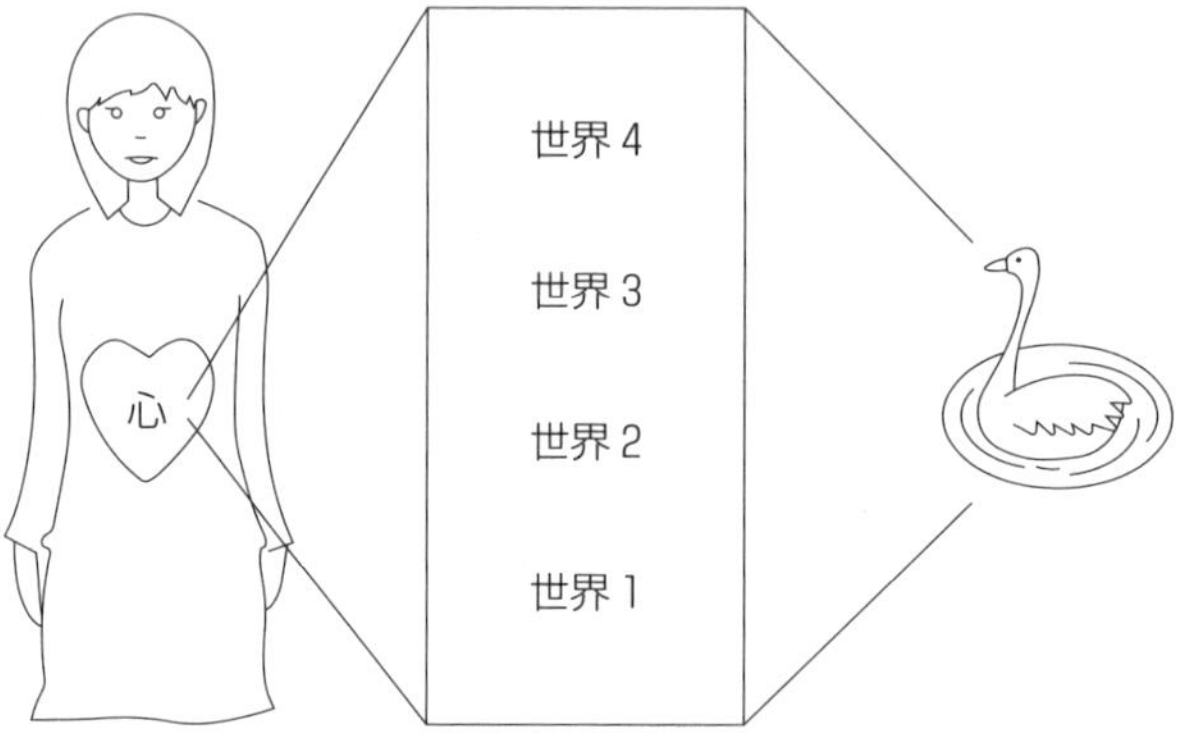

主観が実在（リアリティ）を認識する仕組みを筆者は創発的解釈学と呼んでいる。世界１（自然的・身体的意味の世界）、世界２（心理的意味の世界）、世界３（社会的・倫理的意味の世界）、世界４（スピリチュアルな意味の世界）。

出典：稲垣久和『宗教と公共哲学――生活世界のスピリチュアリティ』東京大学出版会、2004年、62頁

です。

生活機能は以上のような多様な四階層構造で意味づけられますが、ＩＣＦではこの生活機能に大きな影響を与える背景の因子を二つ導入しています。環境因子（environmental factors）と個人因子（personal factors）です。環境因子は住環境、自然環境、地球環境のみならず、人的環境や社会環境、霊的環境も含みます。障害者や高齢者のための義肢装具、杖、車いすも環境因子です。利用者、当事者にとっては医療、介護保険、就労援助などの制度も、また教会や寺院や神社に行くことも環境因子に入ります。個人因子とはその人固有の生活歴、価値観、ライフスタイル、信仰などを指します。

リハビリの意味

四階層構造の間の相互の有機的な依存性についてはすでに述べましたが、相対的独立性には特に注意すべきです。「活動」は「心身機能」を土台にしてはいても、「心身機能」に還元できない独立の機能ですし、「参加」は「活動」を土台にはしていても「活動」に還元できない独立の機能です。上の生活機能は下から派生して、かつ新たな要素が加わった、より複雑な機能なのです。それぞれの階層には独立性があるのですが、これをその階層領域の「相対的独立性」（領域主権性）と呼びます。それとは逆に、上の階層が下の階層を支援することを「相互依存性」（補完性）と呼びます。

例えば下半身麻痺の歩行困難な人が松葉杖をついたり、車いすを使用するなどの環境因子から助けられて職場復帰できるのは、「参加」という目的が「活動」を補完することにほかなりません。

今、もし、この下半身麻痺が脳卒中という身体構造の病気ないしは障害から起こったという場合を考えてみましょう。このときに、歩けないという「活動制限」、そのために職場で働けないという「参加制約」が出てきます。下半身麻痺が治らなければ職を失うのは当然である、というように考えるのであれば、これは「活動」や「参加」の相対的独立性（領域主権性）を認めない還元主義の考え方です。リハビリで機能回復ができる場合はいいでしょう。しかし、もし麻痺が完全に治る以外に「歩けない」ということを解決する方法はないと考えるなら、やはり還元主義に陥っているのです。

そもそも一度起こった脳卒中は、脳内の血管構造としては完全には元に戻らないでしょう。ここで大切なのはより広いリハビリの意味です。歩行補助具を用いて歩く訓練をして、時間が少々かかってでも歩けるようになれば「活動」ができるようになり、やがて職場への「参加」も可能になります。時間がかかるのはいけない、早くやらなければダメだ、これは現代人がもっている脅迫的観念です。しかし人間の生にとって大事なのは「参加」することです。これはつまり、「身体構造」、「心身機能」と「活動」、「参加」とがそれぞれ関係はしているが、しかし相互に独立な機能であることを意味しているのです。独立性（領域主権性）と依存性（補完性）は、インターフェース（境界領域）にあるものを互いに逆方向からみていますが、さらに社会的問題、特に今日の環境問題を類比的に考える際に大きな概念のツールを与えるでしょう。

文明病へのリハビリ

「二〇二〇年までには温室効果ガス排出量を九〇年比で二五％削減する」。二〇〇九（平成二一）年に日本の首相から語られた夢のようなラディカルな言葉です。

今日、産業革命後の近代文明はもはや持続不可能な事態に立ち至っています。地球環境の悪化は覆い隠すことができません。近代文明は機能不全の病気に陥っています。このままいけば、人間文明は「死」を迎えるでしょう。病気や障害が死に至らないようにするにはどうすればいいのか。生活機能分類という見方は一つのヒントを与えます。

持続可能社会という発想は、産業化社会で肥大化した人間の欲望を、むしろ自発的にコントロールするよう求めています。この欲望を抑制するために、補完的な意味で環境税を導入するという方向が考えられます。その意味を以下で順々に述べていきましょう。

「人間と地球にやさしい生活」ということを本気で掲げるのであれば、近現代文明とライフスタイルへの根本的な反省を伴うのです。それは確実に痛みを伴います。なぜなら、明日からの「私」の生き方を変えなければならないからです。そして生き方を変えるには、「思想」を変えなければならないからです。以下、三点に分けて整理してみます。

①近代以後のライフスタイルは、早ければ早いほどよい、いや「早い者勝ち」が常識化していることをまず、率直に認めるべきでしょう。近代文明は「スローなライフスタイル」を「遅れている」として退ける文明です。もし、われわれが「スローなライフスタイル」を善とするためには、今度は「近代文明」という〝常識〟と戦わなければならないのです。この〝常識〟と戦うには一人ひとりが「聖人」「君子」にならなければならないし、「聖戦」（ジハード）を遂行しなければならないでしょう。これはブラックユーモアでも何でもなく、本当にそうなのです。

「欲望を自由に伸ばすことが善」、こういうライフスタイルに近代人は慣れきってしまいました。大量消費社会の欲望の肥大化はまさに現代人の病気です。この欲望の肥大化、肥満化、欲望のメタボリック症候群、こういった文明病を自発的に抑制せねばならないのです。これには自己に打ち克つ強い意思と「自己鍛錬」を必要とします。

欲望を抑え、清貧に甘んじられる「聖人」「君子」になる、というと堅苦しく聞こえますが、要は儒教の教えでいえば「仁の心」をもつ、友愛と連帯に生きる人間になるということです。欲望のメタボリック症候群に打ち克つには、自ら生み出した廃棄物を処理しつつ、循環型社会の典型であった農業・牧畜文明の時代に戻ればよい、というわけにもいきません。人類は第一の波（農業・牧畜革命）、第二の波（産業革命）を経過し、今や第三の波（情報革命）に突入してしまいました。

②情報、ＩＴは否応なくスピードが命です。コンピューター上のキーを一つ打てば、地球の裏と交信でき、情報は一秒間に地球を七回り半の速度で駆けめぐる、という時代です。しかし人間の情報処理能

力はそれについていけません。人間の脳神経細胞の伝達は電気的信号を利用しているのではなく、化学的物質のやり取りを利用しているからです。もっとも、人間の脳をすべてコンピューターに置き換えれば話は別でしょう。だが、それは人間が人間でなくなるときです（国家予算はそちらの方向に大々的にシフトしているのですが）。

したがって「スローなライフスタイル」を取り戻すには、農業・牧畜文明のよさを取り戻すだけでは不十分で、コンピューターの不使用を義務づけることが必要です。そんなことはもはやできないでしょうから、次の処方箋は人間が人間の速度でコミュニケーションする訓練を積むことです。これは一種のリハビリです。

これがリハビリだという意味は、その前の段階が「病気だ」という自覚があるからです。もし現代文明に対して「病気である」という自覚がないのであれば、処方箋を書くことは無駄です。人類文明はそのまま死を迎えるほかはないでしょう。

しかし「人間が人間の速度でコミュニケーションする訓練を積むこと」は過去のいかなる時代にも増して、今日、求められていることなのです。一言で言えば、一人ひとりのライフスタイルが、人格的な対話をする訓練を積む方向に変えられることです。このリハビリはまさに「活動」のレベルに属します。現代人は積極的にこのリハビリ活動に乗り出さねばならないのです。

これは明らかに、半ばショーと化しているG8、G10やサミットなど国家間の交渉とは違う方向です。なぜなら国家は人格ではなく巨大な機械的システムですから、もともと対話という人間的な価値に向いていません。これは国家がいらないということでは全くありません。

③国家は国境を前提としているシステムですが、いま地球環境問題で必要なのは、国境を越えた対話です。これには国家の構成員である国民が率先してやるほかはないのです。人々は国境を越えて自由に往来する。しかし国家は国境の内側のみに責任をもつシステムである（国境を越えて行動するとすれば、それはもはや国家ではない）。というわけで、国家は国境を越えられないのです。しかし大気は国境を越えて自由に往来しますから、環境倫理の対話は国家単位でやることにはそもそも限界があるのです。したがって国境を越えた相互に自立した人格的な人と人の対話、人と人のライフスタイルの地域的交流から出発するべきです。これはいわば「参加」のレベルです。国際ＮＧＯなどがこれをすでに実践しています。

まず市民による「活動」と社会「参加」、国家はそれを補完する装置として、責任を果たすべきです。自発的な生活者市民の参加による当事者主権と地域コミュニティの生活領域の主権、その次に働く国や国際機関の補完性の原理、この順序が大事です。

市民の一人ひとりが「甘えの構造」を脱却し、国境を越えて「他者」を配慮できる、すなわち徳性を備え、自分と異なる考えをもつ者に対して寛容であるような人格となる。あくまでも一人ひとりの自発性と自治を重んじ、「よき社会」をつくるために互いに助け合い、補い合う。

こうして、欲望のメタボリック症候群へのリハビリは、まずは市民自らが率先する。次に政府は「環境税」を導入し、これを福祉のための目的のはっきりした税として市民に還元していく、という処方箋です。「福祉」はスムーズに「環境」につながり、「環境」は「福祉」につながっているのです。

4 ケアの論理と倫理

二〇〇八年九月、アメリカの大手金融機関の破綻とそれに続くニューヨーク・ウォール街の株価の大暴落、そして世界同時株価の暴落という危機が生じました。そのちょうど八〇年前の一九二九年一〇月二四日、ウォール街の株価が大暴落し、世界経済大恐慌の引き金となった、その悪夢の記憶が世界中を駆けめぐりました。

アメリカ発のネオ・リベラル（新自由主義的）市場主義とグローバル金融資本主義のあり方が破綻した、そのことをまざまざと感じさせる出来事でした。世界経済の不況は今も続いています。

欲望のメタボリック症候群は地球環境のみならず、今日の金融資本主義も完全に危機に陥れたのです。人間の欲望をコントロールし、モラルを回復することが不可欠となっています。自己利益の極大化を是認する「市場原理主義が失敗した」ことは、もはやだれの目にも明らかで各国政府がこぞって市場に公的資金注入をもって介入しています。

では、市場と国家の関係はいかにあるべきでしょうか。そして市場と福祉との関係はどうなのでしょうか。

もともと、市場のリスクにどう対応するかが、社会保障の充実を目指した福祉国家の基本構想にありました。市場のみにまかせておくと人間の生活は危ない、だから人間の幸福を保証するために国家が介入するのだ、という考え方です。市場や経済現象がなぜ予測できないリスクを抱えざるを得ないのか。それは、「複雑系」だからということなのですが、「複雑系」は筆者の公共哲学の基本にかかわる思考と関係しています。簡単に言えば「予測不可能なことがいつでも起こりうるシステム」ということです。

国家、市場、家族、そしてNPO

自然世界はいうに及ばず、ましてや人間のさまざまな思惑によって複雑にできている市場が、予測可能であるはずがありません。福祉国家という発想は、哲学的には、この市場の予測不可能的に発生するリスクに対処した処方箋ということになるでしょう。

三レジーム分類に問題はあるにしても、何度か取り上げているエスピン=アンデルセンの著書のユニークさは、「国家」と「市場」、そして「家族」の福祉上の意味を明らかにしたことです。「国家」がなぜ福祉を担うべきか、その理由をあげるときに、市場の「リスク」を問題にしています。逆に言えば、自助を強調する自由主義モデルの内的危険性を指摘しているのです。自由主義の経済活動が、本来の「自助」によってはいかんともしがたいリスクを本質的に含んでしまうといいます。例えば、以下のような指摘があります。

「情報の不備という問題も、突き詰めて考えてみれば、包括的で普遍的な福祉国家にしか解決を求められない。なぜか。経済学の市場理論は完全な知識を前提にしているが、現実のリスクの世界はそれを明確に排除している。…情報の不備は、たんなる個人的問題ではなく、国民的問題である。社会政策の立案者と同様、われわれも、民間の福祉市場が公正かつ効果的に働くために必要な情報がほとんどの市民に届いていない（また、届けようとされていない）と考えている。そうだとすれば、われわれは、福祉国家の普遍的で総括的なあり方を考えないわけにはいかないであろう。[9]」

これは明白に経済現象が本質的に複雑系であること、つまり避け難い予測不可能性をもつということから帰結することであって、まさに「個人」の責任の範囲にある「自助」ではカバーできない、ということです。彼が経済学の市場理論の不備を指摘するとき、それは全く正しいと言わねばなりません。しかしだからといって、今度は国家の全能性に期待するのでは行き過ぎというものでしょう。北欧諸国は全体主義の恐怖を経験していないから、「国家」への全幅の信頼が可能なのでしょう。企業（市場）、国家、家族以外にも、今日では、どうしても福祉を担うアクターにＮＰＯや協同組合、各種の住民やコミュニティの互助組織などの非営利団体（広義のＮＰＯ）も含まねばなりません（図2-3）。ここにこそ領域主権に基づく「連帯の論理」が重要になるからです。

エスピン=アンデルセンは三レジームに対応した人間類型、つまり「自由主義的人間」「家族主義的人間」「社会民主主義的人間」を挙げていました。筆者は「ケアの論理」から「正義の論理」の中間に「連帯の論理」が必要だと主張してきました。

図2-3　福祉を担う4つのアクターと付随した倫理

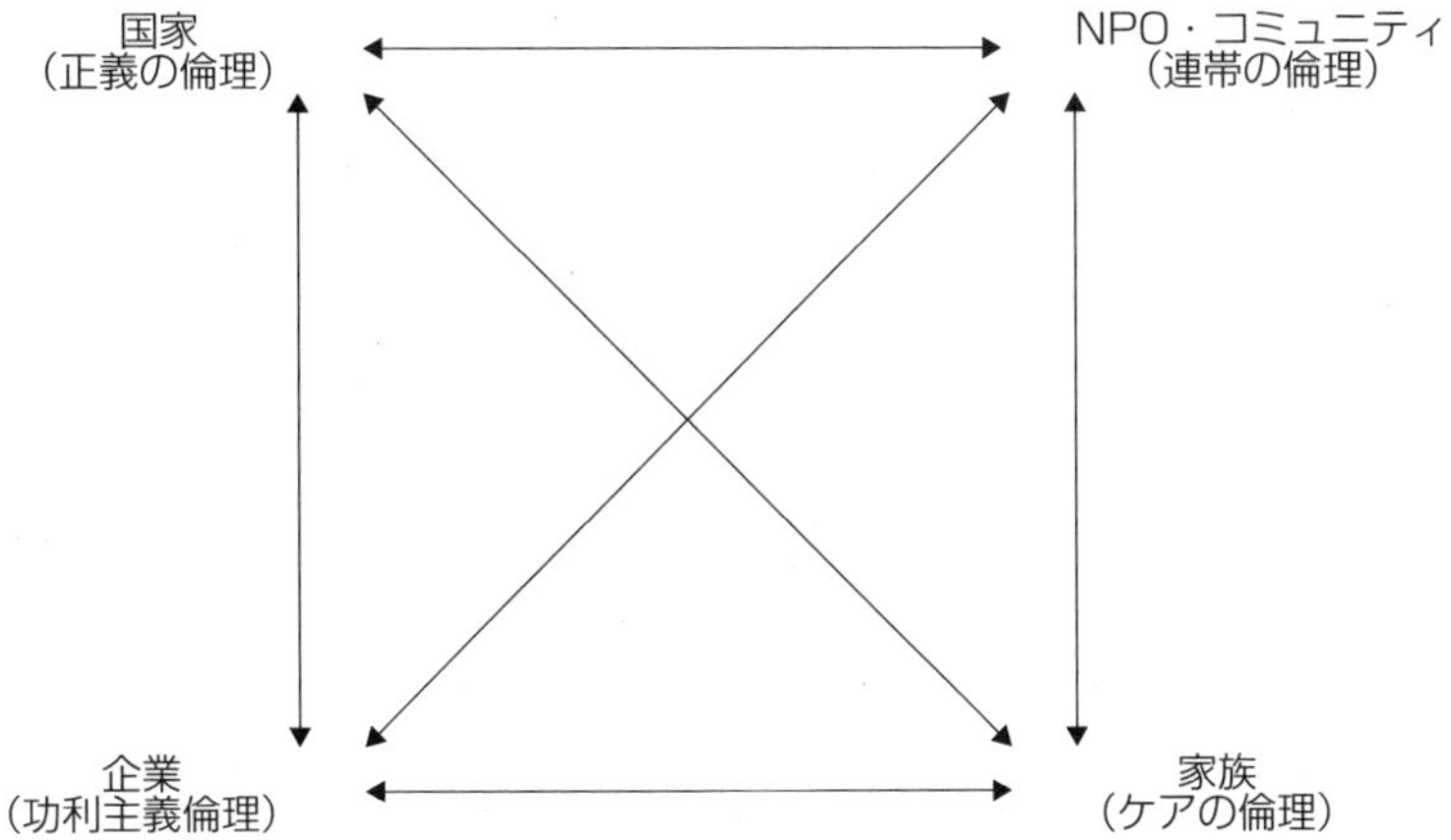

子どもの時代だけでなく、一般に、子どもじみた自己愛が存在することは十分にあり得ます。本来は、家族内の家族愛に基づくケアから、徐々に友愛に基づく社会的なケアに移行するはずです。自由主義は自己愛、ないしは自己利益のみの追求という「愛の形」をうまく取り込みながら、「ミクロな自己利益の追求こそが、市場を通してマクロな経済利益を押し上げる」という形で普遍化しました。これが功利主義倫理と呼ばれるものであり、まさに、人類史のなかでは近代啓蒙主義以降に表れたエキセントリックな発想ではないでしょうか。エスピン=アンデルセンは自由主義的人間について次のように言います。

「自由主義的人間は、自分の個人的な福祉を計算する以外、いかなる高尚な理想も追おうとしない。…自由主義的人間が求める福祉レジームとは、市場に参加できる者はそれを行い、できない者は慈善の対象となるべきだというものである[10]」と。そして「家族主義的人間はまったく別の星に暮らす人間である。彼が最も嫌うのはアトミズムと人間性の欠如であり、したがって、市場と個人主義である。彼にとっての最大の敵は人々が角突き合うホッブス的な世界である。なぜなら、私利私欲は非道徳的なことだからである。人間は家族のために働いてこそ心の平静を得ることができるのである[11]」と規定します。

日本が近代国民国家をつくったときの人間類型はまさにこの「家族主義」であり、日本的儒教に基づく家父長主義（パターナリズム）であり、それが天皇制的な家族国家観を支えました。福祉も天皇の家父長制的恵み、すなわち慈恵主義的福祉が基本でした。家族愛をモデルにしていきなり家族国家観を説いたのは近代日本の大いなる問題点ではありましたが、家族愛が「ケアの倫理」の原型であることは、今後の日本の福祉を考える際に忘れてはならないことです。

戦前の「家族主義的人間」の反動として、戦後は「自由主義的人間」が理想とされました。自由と平等を重んじ個人の尊厳を守るということであれば、自由主義は大いに歓迎されるべきであります。事実、自由民主主義というのはそれを期待したはずでした。

しかし一方で、自由主義の経済理念は自由競争による自己利益の追求にあり、それに歯止めをかける論理がなければ「自分の個人的な福祉を計算する以外、いかなる高尚な理想も追おうとしない」という徹底的な私利私欲の追及、まさに「欲望のメタボリック症候群」を生み出すことにならざるを得ないのです。市場での自由競争の是認は格差を生み出し、そこで負けた者は「慈善の対象となるべき」とは言うものの、底辺にあえぐ者には社会保障財源のカットで手当てがなされないままです。まさに「市場の失敗」ここに極まれり、というべきでしょう。

これではあまりに公正を欠くとして、自由主義の側からも最初から格差を考慮した修正理論を出していた学者がアメリカにいました。ジョン・ロールズの『正義論』がそれです。一口でいえば、自由主義的なアメリカでも社会民主主義的な発想が出てはいる、ということです。

人間観と倫理学の変更

それでは、社会民主主義を担う人間類型とはどういうものでしょうか。エスピン＝アンデルセンによれば、

「社会民主主義的人間は彼の人生を一つの基本的な考え方にもとづいて構想している。それは、彼もまたどんな人も、欠乏のない、と同時に、ただ乗りもない世界でこそ豊かになれるという考えである。社会は分かち合いが求められているところなのであり、だとしたら、うまく分かち合ったほうがよい。(12)」

北欧のように人口が少なく（例えばスウェーデンは九〇〇万人）、かつ均質な国民教会に皆が属していた国々では、社会民主主義はよく機能しています。しかし、歴史も精神的風土も違い、かつ一億二〇〇〇万人もの人口を抱える日本でそれがうまくいくとは思えません。北欧とも違う、アメリカとも違う、日

本にあった「契約制度」の福祉をつくり上げたいものです。そのためには、人と人とのつながりの学問、すなわち倫理学という学問を根底から考えなおす必要があります。新たな福祉は、日本にあった新たな倫理学の構築から始まるのです。

倫理学は、今日、純粋な倫理学というよりも応用倫理学という形で展開されることが多くなりました。例えば、環境倫理と呼ばれる分野も、生命倫理、企業倫理、情報倫理等の応用倫理学と呼ばれるものの一つです。しかし倫理学そのものは、本来、哲学の一分野であり、公共福祉というジャンルを掲げる以上、倫理学をどう扱うかをもう少し丁寧に考える必要があるでしょう。そして倫理と法律はどう関係しているのか、という点も。

ここで、倫理学の辞書的な意味は「社会的存在としての人間の間での共存の規範・原理を考究する学問」(広辞苑)。そして、いまやこの定義を〈人間の間〉から〈自然の間〉にも広げ、自然との共存も図られる必要が出てきているのです。

環境倫理には「地球の有限性」という重要な要素があることを述べました。近代思考の出発点は地球資源の無限性への信仰でありました。産業革命以後、資源は無限にあり、したがって経済も無限に成長し続けると信じられたのです。しかし、もはや誰の目にも明らかです。無限への信仰は幻であった、と。まず何よりも、今日、われわれは無限の進歩を目指した上昇思考をやめて、逆に、有限性から出発すべきではないでしょうか。宇宙船地球号の現実からの出発です。このように有限性へと発想を転換したとき、倫理学の枠組みは、過去のものとは大幅に変わるでしょう。西洋の倫理学の出発点はソクラテスに始まるギリシャ哲学でした。その中心は「善」と「無限」の追求です。

筆者は従来のように「善」(これは永遠の存在というギリシャ的存在論と結びついていた)を目指して、「徳」を磨き上げていく、という倫理観はもはや機能しないと考えます。それよりも、むしろ、人間の悪を率直に認め、今、与えられた有限性のなかに悪を抑止しつつ共存するという倫理観を開発すべきではないか、と考えています。これが倫理学の転換のスタートです。

今ある自然や世界、生命をありがたいと思う姿勢、これを筆者は「恩恵」の思想と呼びます。地球環境は誰彼の差別なく与えられている共通恩恵なのです。そしてこの恩恵に応答していく姿勢、これを筆者は「責任」の思想と呼びます。倫理学の枠組みに「徳」と同時に「責任」を付け加えたいのです。なぜなら徳は個人倫理にとどまりますが、責任は個人倫理のみならず、「説明責任」のように、組織のなかでの責任として社会的な意味をもち、したがって公共の倫理となっていくからです。しかしこの思惟の転換をするには、西洋倫理思想史の根幹への省察が必要でしょう。ここでその概略を記しておこうと思います。

ギリシャ的倫理

プラトン、アリストテレスに由来する倫理学は独特の存在論に基づき、その中核に善と徳を位置づけました。プラトンにおいては、存在論と知識論とが結びついていると同時に、存在論と倫理学もまた結

びついているのです。プラトンは、国家・政治社会つまりポリスを、一人ひとりでは生きていくことが

プラトン（紀元前四二八／四二七～三四八／三四七）

古代ギリシャ最大の哲学者。ソクラテスの弟子で前三八七年頃、アテナイにアカデメイアを創設。著作は三期に分けられ、初期の『ソクラテスの弁明』などは愛知（フィロソフィア）の言行を再現する。中期の『国家』などはイデア論を展開し、後期の『パルメニデス』などは宇宙論や国制改革を論じている。イデア界と現象界の二元論を説き、現象界はイデア界を目的とし理想として生成変化する。イデア論とその展開としての世界霊魂説を広く認識、道徳、国家、宇宙の諸問題に適用して、学としての観念論哲学を大成した。

アリストテレス（前三八四～三二二）

古代ギリシャの哲学者。前三六七年にアカデメイアに入り、プラトンに学んだ。「万学の祖」としてその業績は広範で、後世への影響はプラトンと並んで大きい。認識論の基礎となる四原因（形相因、質料因、目的因、作用因）の提示、三段論法の定式化、プトレマイオスの宇宙体系と結びつく天体論などが重要。トマス・アクィナスを通してスコラ学に影響し、いまだにローマ・カトリック神学のなかに生き続けている。

できず、かつ多くのものに不足している人間が、その必要を満たすために一緒に住む場所としてとらえました（『国家』三六九八B‐C）。このような必要から生まれた国家は三つの階層（統治者、兵士、労働者）からなり、それがまた人間の魂の三部分説（理性、気概、欲望）に対応していました。そのような国家が目指すべき目標は、幸福であり、しかも国家の一つの階層だけの幸福ではなく、国家の全体ができるだけ幸福になることである、と説きます（『国家』四二〇B‐C）。幸福とは善きものを所有し、享受することです。

それでは善きもの（善）とは何か。この善（アガトス）には二種類ある。すなわち人間的な善としての健康、身体の強壮、美、富、そして神的な善としての魂、この魂の三分説に対応した四徳、すなわち知恵（思慮）、勇気、節制、さらにそれらの要約としての正義などの徳（アレテー）が含まれる（『国家』四三三A以下）。この二種類の善のうち、後者がより上位の善であり、したがって国家全体の真の幸福のためには、それらの四つの徳の実現を目標としなければならない（『法律』六三一B‐D、六九七A‐C、九六三A）。言い換えれば、「必要」から生まれた国家が目指すべき国家全体としての目標は、人々がただ生きることではなく、「善く」、すなわち正しく、美しく生きることである（『クリトン』四八B、『法律』七〇七D）。

これがプラトンの基本思想です。またここに、共通善（common good）の概念も明確な形で出ているのです。ただ、これら善、徳といった倫理学の基本概念が国家と結びつけられているのが特徴です。国家といっても、当時は、いわゆる都市国家であって、今日の主権性をもった近代国民国家と同一視するのは誤りです。したがって、都市に住む住民は市民なのであって、むしろ市民道徳として善や徳を考えていくことが、今日、プラトンから継承すべき課題でしょう。国家道徳としてではなく、市民道徳として。また、国家道徳と考えるべきでない別の理由があります。それは、ギリシャ的な国家観は内面的道徳と深く結びついていますが、今日の国家はそれとは異なり全く外面的な装置にすぎないからです。

アリストテレスも基本的にプラトンを継承しています。彼は善を幸福（eudaimonia）と同一視し、幸福それ自体を人間のあらゆる行動の最終目標としました。こうして最高善についての問いから出発して、徳論としての倫理学を展開しました。善とは「徳にしたがってなされる魂の活動」です。最善の生活は知恵、勇気、節制、正義などの徳に即した行為、すなわち有徳な生活（『政治学』一三二三b四〇～一三二四a二）であり、個人の善を実現するよりも政治社会の共通善を実現し、保持することのほうがより美しく、神的であると述べています（『ニコマコス倫理学』一〇九四b一〇）。

中世に入り、アウグスチヌスは善についてのプラトンの問いをキリスト教的に変形しました。それは次の四点にまとめられます。①すでにプラトンにおいて、最高善を神と同一視する道が開かれていた。②それに基づいた思想、すなわち、この世の生において完全には到達できない彼岸の至福という思想。この至福は、ただ神を知ることと神を愛することにおいてのみ、現在到達できるものである。③神以外の対象はすべて神に向けて秩序づけられている。④これとの関連で導入された戒めの概念。その戒めは、戒めとして神の永遠の法（*lex aeterna*）という表象に基づいている。その内容は、自然法（*lex naturalis*）としてわれわれの精神に刻み込まれていて（黄金律）、歴史的には神の戒めとして十戒のなかに啓示されていた。

徳についてもキリスト教は、プラトン−アリストテレスの四徳（智恵、勇気、節制、正義）に聖書の説くところの信仰、希望、愛を三徳として付け加え、さらにストア派的な義務論を加えただけで、倫理学の構造自体に大きな変化はありません。

友愛思想の原点

ギリシャ倫理学は愛についても語っています。愛の姿には四つほどが考えられるでしょう。まずは「男女の愛」、次に「家族の愛」。これらはごく自然的な愛です。次に「友愛」がありますが、これは互

アウグスチヌス（三五四〜四三〇）

西方キリスト教会の最大の教父。その著『告白』は古代自伝文学の最高傑作にして、後世に影響した時間論を含んでいる。『神の国』はキリスト教史上の最初の歴史哲学の試みで、政治思想上の重要作品でもある。思想のプラトン主義的性格のゆえに、その影響は中世はフランシスコ会学派にとどまったが、宗教改革後はプロテスタント神学に強く影響を与えた。

いにある努力を必要とします。そして最後に「神の愛」（アガペー）です。アガペーはギリシャ語ではありますが、主としてギリシャ倫理学とは別の伝統の新約聖書の用語でキリスト教の重要な概念です。新約聖書が「信仰、希望、愛」というときの「愛」は原文ではアガペーというギリシャ語が使われていて、人間の場合にも転用して使われます。マザー・テレサが「愛（チャリティ）」という言葉を使うときは主としてこの意味です。

ギリシャ倫理学では、プラトンはエロース、アリストテレスはフィリアというギリシャ語を用いて「愛」について論じています。では、今日の社会福祉との関係でこれらの伝統はどう再構成されるのでしょうか。

「家族愛の延長としてのケア現場」での「他者への愛」の根拠をみるためには、私的領域について、つまり「公共圏」の手前にある「親密圏」について十分に理解しておかねばなりません。そこで訓練されるモラル（道徳）というものを身につけることが先決です。その準備なしに「愛」について公共の場で語り、社会福祉の根拠としていくことは、混乱のもとになります。愛の必要性はいうまでもないことなのですが、政治家のレベルで語られたりすると、それこそせっかくの同胞への「愛」の概念が、「国を愛せ」とか「愛国心」といった陳腐な方向に利用されかねません。実は、プラトンの愛（エロース）にすでにその危険が胚胎されていたのです。

プラトンは『饗宴』で愛（エロース）について語っています。エロースは「それが引き起こす競争のゆえに人間にとっても、国家にとってももっとも有益なもの（パイドロス）」です。ここからソクラテスは

「エロースの真理」「愛の真理」を語ろうとします。すべての愛は、それが欲望している、つまりはそれに欠けている何かへの愛です。エロースとは欲望であり、欲望とは欠如です。ソクラテスによれば「現にないものを欲求するのであり、自分が持っていないもの、自分自身そうでないもの、自分に欠けているもの、これが欲求と恋の対象をなしている」（『饗宴』二〇〇Ｅ）。このようにエロースには危険な面が付随しています。仏教でいう「執着」に近いでしょう。

プラトンの存在理解には時間から超然として、時間を無視したところがあります。プラトンのエロースが向かう対象は善それ自体であり、この世のものではありません（イデアの世界）。つまり生成の世界、時間の世界のなかにはなく、無時間的な永遠の世界のなかにあります。エロースとは相対的にいえばより善きものの追求、絶対的にいえば完全存在の追求です。完全性の尺度の一つに永遠の持続があります。「いつまでも変わらぬ同じもの」ということが、真実の存在への接近の第一歩ということになります。時間という観点ではなく、永遠という観点からできているプラトンのエロースは、エロースの向かう対象に何の責任も負いません。永遠な存在には責任は不要です。人間に責任の感情が出てくるのは、むしろ有限の存在、滅びゆく存在に向かうときです。

エロースの対象の向かう相手は異性、学問、国家、金銭等です。特に社会性との関係では、エロースが金銭に向かうとき、市場原理主義が出現します。あくなき自己利益追求の欲求です。これはやがて自己と同時に他者をも破壊していく危険性を秘めています。

プラトンのエロース（愛）に対して、アリストテレスのフィリアは「友愛」と訳されてよい概念です。

アリストテレスは『ニコマコス倫理学』において、四徳すなわち、智恵（思慮深さ）、勇気、節制、正義を語ったあとに、第八、九章においてフィリア（友愛）について語っています。

エロースが欠如への渇望だとすればフィリアは「享受し喜ぶ能力」であり、エロースに還元されない人びとの間の愛であり「互いに相手に対して好意をいだき、相手のために善いことを願う」（『ニコマコス倫理学』第八巻二章一一五五a四-五）ということです。たとえ恋人どうしの愛であってさえも、エロースで汲みつくされることはなく「相手の人柄を大切に思うようになる」でしょうし（同書第八巻四章一一五七a一一）、ましてや夫婦の愛では「互いに相手の美徳をおのれの喜びとしている」（同書第八巻一二章一一六二a一五-三三）ことがなければ、結婚生活は遠からず破綻するでしょう。夫婦の愛のみならず、フィリアは親の子どもへの愛であり、子の親への愛であり、兄弟愛です。さらには家族愛を超えて「おのれの友人たちを愛するがゆえに、彼らの幸福を願う」のがフィリアです。筆者の考えでは、ここから「家族愛の延長としてのケア現場での愛」が出てきます。

ギリシャ的倫理の問題点

ここでプラトン、アリストテレスの伝統において、筆者は一つの点を注意したいと思います。それは存在論という問題です。

実は、プラトンやアリストテレスの徳の倫理学の背後には、独自の存在論がありました。つまり人間の徳とは、人間のありうる最善の「存在」の状態を示しているということです。そしてこの存在とは、無時間的な永遠とかかわっているのです。

「時間と関係しない存在」、こういう発想がギリシャ的存在論の特徴であり、ここには時間とともに滅びゆくものへの慈しみがありません。そしてこれが西洋倫理学において、長い間にわたって「責任」という概念、したがって「ケアの倫理」がほとんど考察されてこなかった理由でもありました。それを明瞭に指摘したのは、現代の哲学者ハンス・ヨナスです。現代倫理学にとってたいそう重要な内容ですので、ヨナスの議論の大筋を紹介しておきましょう。ヨナスは「存在」よりも「関係」を重んじ、それゆえに環境倫理学に大きく寄与しました。

今、われわれは人間の存在と世界の存在が永遠ではなく有限であることを知っています。プラトンとわれわれの間の、二〇〇〇年以上の隔たりのなかでの違いの極端なこと、それは科学技術の発達でしょう。それがわれわれに宇宙の有限性、地球の有限性の現実を知らしめたのでした。したがって、人間の徳を永遠存在と結びつけるのではなく、有限存在と結びつけるように転換しなければならないのです。

プラトンのエロース的希求心は永遠世界への宗教的法悦と紙一重です。しかしわれわれはこのような上昇思考的な宗教心ではなく、有限で滅びゆくものへの慈悲や愛という下降的な宗教心を必要とするでしょう。これが倫理的世界への関心を呼び起こすと同時に対話的・討議的な寛容の民主主義を生み出すからです。このときに、初めて「責任」という概念が、倫理学のなかに中心課題として入ってくることが可能になるのです。

「恩恵と責任」から「ケアの倫理」「連帯の倫理」へ

ヨナスは、責任の概念を倫理学の中心に置こうとするときに、赤子の「存在」との類比を使っています。これは卓見です。しばしば存在（である）から当為（すべし）への転換の困難さが倫理学の課題になりますが、生まれたばかりの赤子の存在は、無条件に親の「世話をすべし」という当為の感情を呼び起こすといいます。親は、赤子への世話を無条件に引き受けるでしょう。赤子はそのままに放っておけば死んでしまいます。その滅びゆく存在に対して、親は無条件に責任を果たすのです。親は赤子の「顔を見ながら」無条件に責任を果たします。これを赤子のほうからみれば、赤子は無条件に親の恩恵を受けることになります。ここには「責任」と「恩恵」の非対称が存在しています。

親は赤子への責任を果たすときに、赤子からの見返りを期待しません。この場合の責任は対等の取引や契約から生じているのではありません。だから見返りを期待する商取引の「契約制度」とは根本的に異なっているのです。

有限で滅びゆくものへの無償の愛や慈しみから生じた責任です。「徳」ではなく「責任」が倫理学に入ってくるときの基本がここにあります。「ケアの倫理」の原型です。そしてこの親の愛や親しい者への愛は、アリストテレス的に表現すれば「友愛」（フィリア）ということになります。

このような親の責任から受けた赤子の恩恵は、一方的であり無償です。赤子はこの恩恵を、今度は責任として返すでしょう。しかし誰に返すのか。実は、この恩恵を返すべき相手は、自分が親になったときに自分の生んだ赤子に返すのです。このように、責任と恩恵とは世代を継承して返されていきます。ここでの感覚は「生かされている」ことへの恩恵と責任です。人と人とのなかで「顔と顔とを見合わせて」生かされているパーソナル（人格的）な感覚です。自分はなぜ生かされているのか、という問いです。

これは無時間の倫理学ではなく、時間のなかの倫理学です。西洋倫理学を大きく転換していく糸口がここにあります。それは善―徳の無時間的で実体論的な倫理学の概念から、恩恵―責任の時間的で関係論的な倫理学の概念への転換です。

そして、この場合の「恩恵」は、すでに述べたように、地球環境を全人類への「共通恩恵」と捉えるような国境を越えた公共信託論と関係しています。日本の戦前のように、天皇が臣民（赤子）に施す恩恵ではありません。儒教的な倫理観でいうならば「天」からの恩恵であって、「天皇」からの恩恵にすり替えてはなりません。戦前の国民道徳論が、このように変質した儒教になっていった歴史があるので、特に日本的風土でこの点を注意しておきたいと思います。

西洋の主流倫理学は存在を基礎にすえた徳の倫理学から、やがて契約の倫理学へと変化していきます。ただ、いずれにしても無時間的で〝同時代的〟です。近代の市民社会論で重要な役割を果たす社会契約論も同時代人の間での契約にすぎません。まだ生まれていない歴史の未来の世代、つまり将来世代は契約の外にいます。しかし、今われわれが直面している倫理学は地球生態系の有限性、天然資源の有限性を視野に入れた倫理学でなければなりません。このときの倫理学は時間のなかの倫理学、世代間の倫理学でなければならないのです。世代間倫理となったときに、初めて「公共信託論」のような次世代を配慮する倫理が可能になります。

以上の考察は社会心理学的にも十分に意味づけられます。エリック・エリクソンは青年期のアイデンティティ論でよく知られている人物ですが、実は、彼は成人期の心理社会的契機として、ジェネラティヴィティ（generativity）を挙げました。ジェネラティヴィティという語の邦訳はまだ統一されていません。ここでは「世代生成性」としておきましょう。筆者はこの語と概念が、世代間倫理の確立に果たす役割はたいそう重要であると考えています。

エリクソンはここで、明確に、ジェネラティヴィティ（世代生成性）が世話（ケア）という徳を生み出し、しかもそれが世代継承的課題と「責任」に不可欠だ、といっています。これが「ケアの倫理」です。こうして、人間関係において、善（good）に基づいた徳（virtue）と同時に、恩恵（grace）に基づいた責任（responsibility）、これこそが二一世紀倫理学において真剣に考えられるようになるでしょう。

以上のような「ケアの倫理」は、人と人との深いつながりがあるところ、すなわち「顔見知りの人」の集まりのコミュニティといった比較的小さなレベルの共同体、国家や地方政府よりもはるかに小さな共同体のなかでこそ有効な倫理です。グローバルな市場主義、中央政府の官僚制的福祉国家に慣れた現代日本人の福祉感覚には、回復していくのは至難の技でしょうが、その倫理的エートスを磨く努力が、特に教育の世界において、どうしても必要です。

「ケアの倫理」は「いのちへの慈愛」に基づく非対称の倫理です。親の子への慈愛は大人世代の子ども世代への慈愛へと類比的に拡大されます。また、赤子が親から受けた慈愛の恩恵を、今度は、責任として返す相手は、自分が大人になったときに自分の生んだ赤子に返す世代間倫理があります。同時に、「親世代」へ類比的に返す可能性もあります。これが友愛に促されて社会化すれば高齢者ケアとなります。

このように「ケアの倫理」は、アリストテレスの友愛、さらにそれを超えてキリスト教の隣人愛、仏教の慈悲、儒教の仁愛に匹敵する社会的行為であり、人類にとって最も高度な倫理です。ただし、最大の問題は市場原理にそぐわないということでしょう。それは当然でありましょう。市場原理は「欲求充足」によって機能しているのですから、「欲求のコントロール」「節制」を説く道徳・倫理にはそぐわないのです。しかし、環境への配慮はいうまでもなく、人間の経済活動は、市場原理だけで営まれているわけではありません。

例えば、ケアは経済的にはサービス産業として市場的対価にかなう部分があります。それと同時に、協同組合的な友愛に基づく連帯経済に属する部分と、さらに純粋にスピリチュアルな行為、すなわち友愛から隣人愛、慈悲、仁愛に匹敵する社会的行為の部分があること、これを理解することです。このように「ケアの社会化」には経済、法−政治、道徳、倫理、宗教の多層的な人間の営みがかかわざるを得ないのです。同時に、地域ないしは近隣コミュニティとして、その規模を比較的小さく取らなければ十分に機能しない、この点にも注意を払うべきです。

私たちは日々の「生活世界」で、数々の〝恩恵〟に浴しています。天よりの命を授かった恩恵、家族から受ける恩恵、地域や〝ご近所〟などのコミュニティで共に生きている恩恵、そして自然や地球環境から受けている恩恵…と。このような恩恵に応答する形で、コミュニティの次世代の子どもたちやさらには高齢者に帰していく私たちの責任、これが「ケアの倫理」、そして「連帯の倫理」というものの内容だと思うのです。

●引用文献

(1) 杉本貴代栄『女性が福祉社会で生きるということ』勁草書房、二〇〇八年、六四頁
(2) M・E・コーラー、畑祐喜訳『ディアコニー共同体――奉仕活動の理論と実践』新教出版社、二〇〇〇年、二〇二頁
(3) 遠藤興一『天皇制慈恵主義の成立』学文社、二〇一〇年、一七頁
(4) 前掲書(3)、一九頁
(5) 前掲書(3)、三二頁
(6) マルキ・ド・サド、澁澤龍彦訳『新・サド選集第六 閨房哲学』桃源社、一九六六年、一九六頁
(7) 賀川豊彦「精神運動と社会運動」一九一九年、『賀川豊彦全集 第八巻』所収、キリスト新聞社、一九六四年、四八四頁
(8) レナード・ショッパ、野中邦子訳『「最後の社会主義国」日本の苦闘』毎日新聞社、二〇〇七年、七五頁
(9) G・エスピン=アンデルセン、渡辺雅男・渡辺景子訳『ポスト工業経済の社会的基礎』桜井書店、二〇〇〇年、七〇頁

(10) 前掲書（9）、二四〇頁
(11) 前掲書（9）、二四〇頁
(12) 前掲書（9）、七〇頁

●参考文献

・Kees van Kersbergen, *Social Capitalism : A Study of Christian Democracy and the Welfare State*, Routledge, 1995.
・P・S・ヘスラム、稲垣久和・豊川慎訳『近代主義とキリスト教――アブラハム・カイパーの思想』教文館、二〇〇二年
・水島治郎「脱生産主義的福祉国家の可能性」広井良典編『「環境と福祉」の統合――持続可能な福祉社会の実現に向けて』有斐閣、二〇〇八年
・ハンス・ヨナス、加藤尚武監訳『責任という原理――科学技術文明のための倫理学の試み』東信堂、二〇〇〇年
・橋本孝『奇跡の医療・福祉の町ベーテル――心の豊かさを求めて』西村書店、二〇〇九年
・阿部志郎ほか『賀川豊彦を知っていますか――人と信仰と思想』教文館、二〇〇九年
・賀川豊彦全集刊行会編『賀川豊彦全集第八巻　精神運動と社会運動』キリスト新聞社、一九六四年
・杉本貴代栄『女性が福祉社会で生きるということ』勁草書房、二〇〇八年
・M・E・コーラー、畑祐喜訳『ディアコニー共同体――奉仕活動の理論と実践』新教出版社、二〇〇〇年
・遠藤興一『天皇制慈恵主義の成立』学文社、二〇一〇年
・マルキ・ド・サド、澁澤龍彦訳『新・サド選集第六　閨房哲学』桃源社、一九六六年

第3章

公共について考える

①「公共の精神」とは?

すでに何度か述べてきた「公共」ということについて、この章で体系的に説明します。まずその前に、中央教育審議会の中間報告が、問題をはらみつつも従来の公共に代わって、「新しい公共」を導入していましたので、それを紹介しておきます。文科省ホームページ（ＨＰ）に公開されています（二〇〇二（平成一四）年一一月）。実はこの中間報告が二〇〇六（平成一八）年一二月の教育基本法の改変につながったのです。ＨＰのなかで、公共性の議論にとって重要なのは、「『公共』に関する国民共通の規範の再構築」にある以下の部分でしょう。

「公共」に主体的に参画する意識や態度の涵（かん）養の視点

人は、一人だけで安全に生きていくことができるものではない。自らの生命や自由を守り、幸福を追求するためには、個人が集まり、その信託によって社会や国という「公共」を形作り、それを通じて自らの安全や権利を享受できるようにすることが必要なのである。そして、このような「公共」を作り、維持することができるのは、その構成員であり主権者である国民一人一人であって、ほかのだれでもない。

このことを踏まえ、二一世紀の国家・社会の形成に主体的に参画する日本人の育成を図るためには、政治的教養（政治に関する知識や判断力、批判精神など）に加えて、国や社会など「公共」に主体的に参画したり、共通の社会的なルールを作り、それを遵守する義務を重んずる意識や態度を涵（かん）養することが大切であり、個人の尊重との調和を図ることが重要である。また、地球環境問題など、国境を越えた人類共通の課題が顕在化し、国際的規模にまで拡大している現在、互恵の精神に基づきこうした課題の解決に積極的に貢献しようという、新しい「公共」の創造への参画もまた重要となっている。

ここで最初の部分の「個人が集まり、その信託によって社会や国という『公共』を形作り」「主権者である国民一人一人」や、最後の部分の「地球環境問題など、国境を越えた人類共通の課題が顕在化し…新しい『公共』の創造への参画もまた重要となっている」は、大いに「公共」の捉え方として評価できる視点です。何よりも国家だけではなく社会すなわち市民社会が、しかもその市民社会が新しい「公共」として国境を越えて存在している、という認識、これは戦後民主主義六〇年の成熟度として、目を見張るものがあります。引き続き次の文章があります。

日本人のアイデンティティ（伝統、文化の尊重、郷土や国を愛する心）の視点、国際性の視点

国際社会を生きる教養ある日本人として、自らが国際社会の一員であることを自覚し国際社会に貢献しようとする意識とともに、自らのアイデンティティの基礎となる伝統、文化を尊重し、郷土や国

を愛する心を持つことが重要である。そして、このような自らの国を愛し、平和のうちに生存する権利を守ろうとする国民一人一人の思いが、我が国だけではなく、同じ思いを持つ他国の人々も尊重しなければならないという国際的な視点に通じるものとなる。しかしながら、教育基本法には、このような視点が明示されていない。

また、「公共」に主体的に参画する意識や態度の涵（かん）養を図るためにも、国や社会、その伝統や文化について正しく理解し、愛着を持つことが重要である。

ただ、ここで「教育基本法には、このような視点が明示されていない」というのは正しくありません。というのは、旧基本法前文に「われらは、個人の尊厳を重んじ、真理と平和を希求する人間の育成を期するとともに、普遍的にしてしかも個性ゆたかな文化の創造をめざす教育を普及徹底しなければならない」とあったのですから。もっとも「郷土や国を愛する心」が、このように国境を越える「公共」の自覚のなかで位置づけられるならばそれは、大いに意味があることでしょう。

しかしながら、これらの当該部分は二〇〇三（平成一五）年三月二〇日の答申では次のように短く変更されてしまいました。

「公共」に主体的に参画する意識や態度の涵（かん）養

人は、一人だけで独立して存在できるものではなく、個人が集まり「公共」を形づくることによって生きていくことができるものである。このことを踏まえて、二一世紀の国家・社会の形成に主体的に参画する日本人の育成を図るため、政治や社会に関する豊かな知識や判断力、批判的精神を持って自ら考え、「公共」に主体的に参画し、公正なルールを形成し遵守することを尊重する意識や態度を涵養することが重要であり、これらの視点を明確にする。

日本の伝統・文化の尊重、郷土や国を愛する心と国際社会の一員としての意識の涵養

グローバル化が進展する中で、自らの国や地域の伝統・文化について理解を深め、尊重し、郷土や国を愛する心をはぐくむことは、日本人としてこれからの国際社会を生きていく上で、極めて大切である。同時に、他の国や地域の伝統・文化に敬意を払い、国際社会の一員としての意識を涵養することが重要であり、これらの視点を明確にする。

この答申においては、中間報告で出ていた、国境を越える「新しい公共」の内容は消えてしまっています。そして「公共＝国家」、すなわち「古い公共」という方向に引っ張られていることが明白です。これでは、本書で述べている福祉文化を育くむための市民的公共性の内容が、ほとんど活かされてきません。そして、これがさらに圧縮されて二〇〇六（平成一八）年一二月一五日に成立した新教育基本法の「公共の精神」（前文、第二条第三項）や「愛国心」の導入となったのです。

しかも「公共」と「公」の区別などもありません（次節に詳述します）。というのは、新教育基本法には、

「法律に定める学校は、公の性質を有する」（第六条第一項）、「私立学校の有する公の性質」（第八条）と「公」の言葉も使われているからです。意味の違いを考えれば、私立学校が有する性質は、「公」ではなく「公共」のはずです。要するに二〇〇六（平成一八）年の教育基本法の改正は、「公」や「公共」という日本語の言葉や概念の使い方が、十分に吟味されたものではありませんでした。

しかしすでにこういう形で、新教育基本法に「公共の精神」が入った以上、市民の側は市民的公共性の概念をもって、これを市民社会の豊かな福祉文化の形成に活かす実践が求められています。そうでなければ、二一世紀の国際社会から取り残されてしまうでしょう。ですから、もしここでの「公共の精神」を、単に、教育カリキュラムのなかに「ボランティアを必修化する」などという形で矮小化してしまうのであれば、まことに残念なことです。「新しい公共」を確実に市民のものにする学びが必要です。

こういう流れのなかに、二〇〇九（平成二一）年九月に政権交代が起こり、「新しい公共」はより市民に近いものに変わる機運が出てきています。例えば二〇一〇（平成二二）年一月二九日の第一七四回国会における鳩山内閣総理大臣施政方針演説では、「『新しい公共』によって支えられる日本」という小見出しが付いて、以下のようなことが語られています。

「人の幸福や地域の豊かさは、企業による社会的な貢献や政治の力だけで実現できるものではありません。

今、市民やＮＰＯが、教育や子育て、街づくり、介護や福祉など身近な課題を解決するために活躍しています。…人を支えること、人の役に立つことは、それ自体が歓びとなり、生きがいともなります。こうした人々の力を、私たちは「新しい公共」と呼び、この力を支援することによって、自立と共生を基本とする人間らしい社会を築き、地域の絆を再生するとともに、肥大化した「官」をスリムにすることにつなげていきたいと考えます。」

ただ、政府サイドからいわれても、市民が率先してやらなければ、「新しい公共」は単なる「絵に描いたモチ」になってしまうでしょう。

②パブリックの歴史と意味

公、私、公共の三元論へ

公共事業、公共投資、公共団体…。こういう使い方からすれば、「公共」とは行政の、政府の、役所の、という意味で使われる言葉のように思っている人が多いでしょう。一応の辞書的意味を確認しておくと、「公共」は「社会全体に関すること」、公共性は「広く社会一般に利害・影響を持つ性質。特定の集団に限られることなく、社会全体に開かれていること」（大辞林）。ここからも公共性の担い手は政府や自治体と考えても無理からぬことです。しかし、それはこの言葉の一面にすぎません。そのことを福祉の課題として明らかにするのが、本章の目的です。

筆者の「公共」へのアプローチの仕方を、自ら《公共哲学》と呼んできました。この場合、公共哲学とは、単に「公共性」について議論する哲学というよりも、「公共性」をめぐって、さまざまな学問分野との対話と共働作業を促す、そのようなアカデミズム内の一連の運動を指しています。筆者の公共哲学を、アジェンダとしてスローガン的にまとめるならば、「公、私、公共の三元論」「活私開公」「領域主権論」（補完性）、この鍵となる三つのコンセプトにある、こういえるでしょう。これらの言葉が何を意味しているか、以下で一つひとつを解きほぐしていきましょう。

二〇世紀が終わり、日本のバブル経済が崩壊したのちの小泉内閣の時代、政治の構造改革として叫ばれていたのは「官から民へ」「市場にできることは市場に」、こういった内容でした。しかしこの言い回しの問題点は、まず「官」と「民」の二元論があり、そのうえで「民」が「市場」とほぼ同義語として使われていた点です。「市場」とはすべてが金銭的価値に換算されるところ、経済効率が最優先されるところです。もし、「民」をそういった「市場がすべて」という概念と同一視するのであれば、人々に大きな誤解を与えかねません。それでは自由競争による弱肉強食の世界になってしまうでしょう。実際、その負の側面が国内的に「格差の拡大」「勝ち組と負け組の分離」「地方の貧困化」をもたらし、グローバルにも二〇〇八年秋のアメリカ発の金融危機を生み出して、ついには日本政治にも影響し、自民党政権を崩壊に至らしめました。

まず「官」から「民」へといったときに、「民」を市場と同等と考えるべきではありません。確かに「民」は官営企業ではなく民間企業、国営化ではなく民営化という市場的な意味もあります。同時に「民」は非市場的なものや非営利的なものを指す、つまり金銭価値に換算されない生活現場、そこに生きる「住民」「市民」を指し、その幸福という意味に解すほうがよいと考えます。

非営利活動（NPO）や非政府組織（NGO）の担い手、これまでもあったさまざまな協同組合や共済組合などの互助組織、これらも市民という言葉のニュアンスがもつ大きな側面なのです。まず、このような発想がもつ重要さを確認しておきたいと思います。そして本書では、「公共」という言葉を、「市民」の側に取り戻していくような意味で使います。

「公共」に比べて、日本語の「公」（おおやけ）はあまりに漠然としていて、社会科学的な用語としては定義しにくい言葉なのですが、まずは「お上」という意味、しいて政治の仕組みのなかで表現すれば国家機構、政府、官、自治体など制度化された強固な組織を指している場合が多いと思われます。以下このような意味で、「公」という言葉を「公共」とは区別して使います。ただし誤解のないように強調しておきますが、「公的」という言葉は、本来は政府や自治体など具体的に制度化されたシステムを指した言葉ではなく、あくまでも抽象的で便宜的で相対的な言葉だということです。

そして、「公」と「私」の〈間〉にあり、「私」から「公」へと媒介するダイナミックな概念が「公共」です。スローガン的に表現すれば、従来の公私二元論から、公、私、公共の三元論へ、ということになるでしょうか。

「私」とはいうまでもなく「個人」、そして他者ではなくほかならぬ「わたくしの人格」であり、法律的には権利の主体です。では人格とは何か。人間は、広い意味での学習や教育を通して次のようなものを身につけていくとき、成熟した人格となります。

① 言語表現を通した自己意識をもつ。

② 他者への信頼と愛をもつ。

③ 社会生活で自由な道徳的判断と行為および責任をもつ。

もちろん、完全に円満な人格を備えた人間はいないし、個性や文化背景が違えば「よい行い」もそれぞれ違う意味で受け取るかもしれません。しかし、人が前述のような《努力目標》をもって他者との対話のなかで成長していこうとの意志をもつとき、それは健康な人格であります。病気や障害、高齢のゆえに、また子どもであるためにこれらが十分に達成できないこともあるでしょう。それでも他者との関係のなかに生かされている限り、人間は人格です。またここで「自由な道徳的判断をもつ」とは、悪をも意識しそれを選択しうるということ、そして現に悪を犯して歴史上その刻印を至るところにとどめている、ということも人間という種の特徴です。要は、いかに悪を抑制しうる社会を形成できるのか、ということでしょう。

明治の近代以降、特に戦時中にはこの「私」の領域がほとんどなく、「公」すなわち「お上」である天皇に直接に従属し吸収されていくような傾向が強くありました。私を殺して公に仕えていく、つまり滅私奉公です。

戦後は天皇や国家ではなく、少なくとも、バブル崩壊期以前の右肩上がりの日本社会であれば、サラリーマンにとっては会社、企業、これが「公」に置き換えられ、すべてを会社に尽くすというタイプの滅私奉公がありました。しかし、「私」を滅私という方向で忍従させ殺す方向ではなく、積極的に活かしていくべきだ、こういった発想を近年の公共哲学運動では、先述したように、「滅私奉公」ではなく「活私開公」と呼んでいます。ここで「私」の意味は「自己」であり、同時に「個人」であるような人格ということです。かけがえのない私、ほかにかえがたい希少価値としての私、人権や権利の主体である私、ということです。それと同時に活私開公というときには、他者との人格的なつながりが考慮されています。私を活かすと同時に他者をも活かす、「共に」生きる、そこに公共性が達成されるということです。

図３－１　公・私・公共 三元論

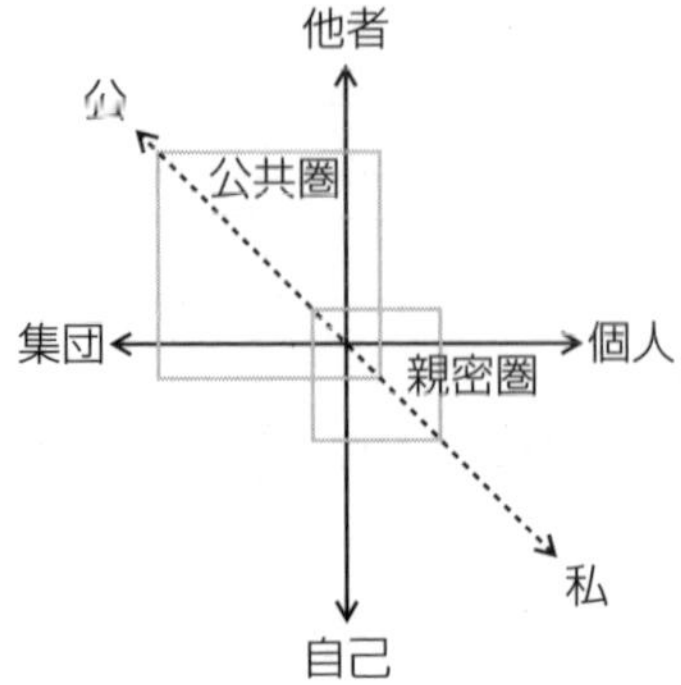

図３－２　３セクターモデル

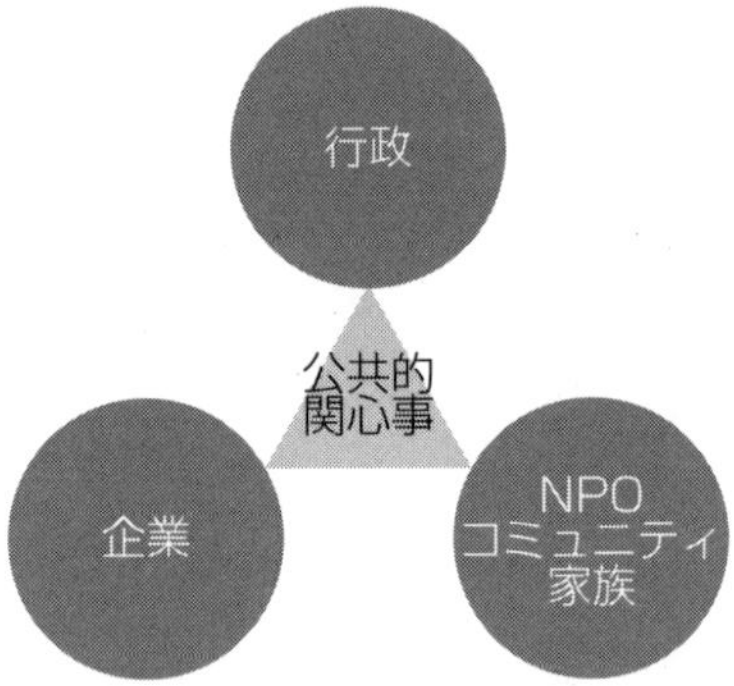

図３－３　公・私・公共 三元論と３セクターモデルの重ね合わせ

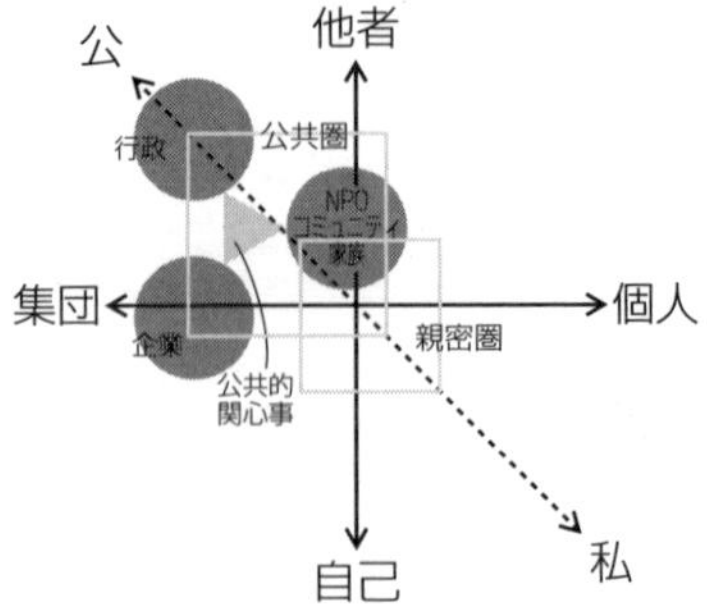

「公共」という言葉は具体的な制度を指す言葉ではなく、漠然としたイメージしかない言葉です。公共性をしばしば複数性で定義する本を見かけますが、これは正しくありません。単数か複数かという区別は公共性とは異なります。個人が沢山集まっても同じような考えでまとまっているならばそこには公共性は弱いのです。公共性は、開かれていること、関心を共有していることに加え、自己に回収できない「他者性」が働いていることが大事です。

「私」と自己に近しい人々、すなわち家族、友人サークル、同志の集まり、同じ信仰をもつ仲間、これらは親密圏を形成するでしょう。そこから次第に他者性が増していった軸を一つ立てましょう。そうするとそこに公共圏が現れてくる、こう考えるべきです。「私」の最も遠いところに「公」があり、「私」から「公」へと媒介する中間が公共である、と（図3-1）。これと具体的な社会制度セクターである行政や企業、NPOなどは別の概念ですが（図3-2）、しいてそれを重ねていけば図3-3のようになるでしょう（ここでは図2-3のNPOとコミュニティと家族とを一緒のセクターに入れた。家族は実際には親密圏に属している）。

幸福の達成のために

「公共」という言葉は、日本国憲法に「公共の福祉」という言い回しで四回（第一二条、第一三条、第二二条、第二九条）も使われています。それにもかかわらず、その意味が憲法学においても十分に確定されていません。特に第一三条には「すべて国民は、個人として尊重される。生命、自由及び幸福追求に対する国民の権利については、公共の福祉に反しない限り、立法その他の国政の上で、最大の尊重を必要とする」とあります。この場合、「公共の福祉」は権利に制限を与える条項としてやや消極的意味にとどまっています。「個人」「幸福」などの言葉と同時に、福祉にとって重要な条文ですから「公共の福祉」の内容をより積極的な方向で深めていく必要があります。

憲法第一三条に幸福追求権が謳ってあるとはいえ、「幸福」をまともに思索の対象にすることはこれまでほとんどなかったのではないでしょうか。幸福とは何か。そして、幸福をつくる福祉とは何か。

幸福は人それぞれに違っています。私の幸福とあなたの幸福とは違うかもしれないし、また違ってもよいでしょう。ある人が幸福と感じるその同じことが、立場を変えればほかの人には不幸と感じられるかもしれません（例えば、サッカー・ワールドカップでの決勝ゴール！）。万人に当てはまるようにした「普遍的・客観的な幸福」の定義はありません。幸福とは第一義的に主観的なものです。主観的なものは客観化、数値化しにくいものです。

しかしながら、「最大多数の最大幸福」を掲げる近代の功利主義倫理は、幸福を快楽と自己利益、効用に還元し、これらを量的に測ることにより、幸福の数値化への道を開きました。簡単にいえば金銭に換算するということです。金が多くあるのが幸福だ、と。しかし、今度は、金をたくさん稼ぐために長時間働きづくめだとしたら、それは本当に幸福な生活なのでしょうか。そんな幸福観をもつ人はほとんどいないでしょう。したがって私たちは、功利主義とは別の方法で幸福を定義していかなければなりません。

幸福を指数化して、幸福度、満足度を表現した調査もあります。子どもの場合は比較的に単純です。お父さん、お母さんと遊ぶ時間が長ければ子どもの生活の満足度は高いでしょう。学校で楽しいことが多ければ満足度は高いでしょう。ユニセフ（国連児童基金）が二〇〇七年に発表した先進二一か国の子どもの幸福度調査で、子どもが一番幸福な国はオランダでした。週に二回以上親と一緒に夕食を取る子どもの割合が九〇％で、すでにみたようにワーク・シェアリングが進んでいて、年平均労働時間が一三九一時間と先進国で最も少ないだけでなく（日本は一九〇〇時間以上）、男性育児休暇取得率も高いのです。大人の場合の幸福度は収入の大小などがからみ単純ではありませんが、総合的な〝幸福指数〟についてみると、すでに述べたように、やはりオランダが世界一位です。

人々の幸福達成のために、そして福祉の充実のために、政府や行政の果たすべき役割とは何でしょうか。市民社会の役割とは何でしょうか。自治体などの行政セクターと住民の互助組織やＮＰＯ、協同組合などの市民セクターがそれぞれの異なる役割を有意義に果たすにはどうすればよいのでしょうか。筆者は、そのために現憲法の国民主権の概念をもっと深める必要があると思っています。新たな「公共」をベースにして憲法を読み直していく作業が必要だと思っています。

国民主権論を二一世紀の市民社会に活かしていくために、筆者は領域主権論という概念を提起しています。政府だけではなく市民が主導権をもって「公を開いて」いく政治哲学、それが領域主権論です。近年の政治改革が掲げる「地域主権」とも大いに関係します。ここでは近年の市民主権論や福祉における当事者主権論との関係で、その概略のみを記しましょう。

当事者主権とは、社会学者が福祉の領域との接点で提起している概念です。中西・上野の著書『当事者主権』によると、「当事者主権」の定義はこのようなものです。「私が私の主権者である、私以外のだれも――国家も、家族も、専門家も――私がだれであるか、私のニーズが何であるかを代わって決めることを許さない、という立場の表明」。

これだけみると強い個人主義の表明であるようにみえますが、女性や障害者、高齢者など社会的に弱い立場に置かれた側からの宣言であることを考えれば、おおいに納得できるものでしょう。生活上のニーズによって結ばれた、当事者どうしの連帯のきずなと、障害者が自己決定を通してその支援者とともに、自治体や国家など行政の側と絶えずかかわりあいつつシステムや制度を形成し、「私」が「公」を開きパートナーシップとして活用していく具体例がいくつか挙げられています。

この当事者主権で大切なことは、国民主権というような「国籍」に縛られて主権が定義されているのではなく、生活上のニーズから「生《せい》の充実」を図ろうとする観点で、主権が捉えられているということです。国家至上主義から抜け出し、生活者が生きる「生活世界」から出発する。主体の自己決定の権利を「当事者主権」という強い言葉で表現しているのは、はなはだ斬新な発想です。

市民主権については、政治学者・松下圭一がすでに一九七五（昭和五〇）年に『市民自治の憲法理論』という本のなかで提起しています。憲法を統治者の側からではなくて、ボトムアップに住民・市民の側から自治を通して解釈しなおして、そこに「公共の福祉」を生存権（憲法第二五条）との関係で見直していこう、との発想でありました。立憲主義の基本にある「憲法は政治権力者を縛るもの」という考え方を、具体的に一歩前に進めたものです。

市民主権は国籍の有無にかかわりなく、生活者住民が主体となります。この「市民」をさらに生活者の「生活世界」のさまざまな領域の問題関心によってつながった、NPOや協同組合、地域の互助組織など多様なグループにまで広げ、これらが責任をもった主体として参画するような仕組み、それが領域主権論となります。

最後に、このような公共哲学の視点からみる現憲法の「公共の福祉」は、新たな意味を帯びてくるでしょう。現憲法の「国家−個人」ないしは「公−私」の二元論に基づく解釈ではなく、公と私の中間に「公共」が入った三元論の解釈が可能になります。このようにして、公共哲学という抽象的理論は、今後、「公共福祉」という視点から実践に移すことができる、このように筆者は考えています。

パブリックの訳語は「公」なのか？「公共」なのか？

「公共」という言葉を、英語のパブリック（public）の翻訳と考えている人々が多いのではないかと思います。それはあながち的外れではありません。ただ筆者は、英語のパブリックよりももっと限定された意味で「公共」を使っていますので、それを説明しましょう。

パブリックとは何か。public はもともとラテン語の *publicus*（人々の、共有の）からきた言葉です。*res publica*（人々のもの、*res* とはラテン語で「もの」という意味の女性名詞）といえば共和制ローマの呼称でしたし、近代にはこれが republic（リパブリック、共和国）の意味にもなっていくわけです。

中世から近代にかけて、西欧キリスト教世界はローマ・カトリック教会から神聖ローマ帝国の皇帝、さらには世俗君主に権威や権力が移るなかで「主権」という政治権力の概念が成立しました。それと同時に、君主は *salus publica*（人々の福祉）の実践者という概念で自分を正当化していきます。君主は人民のうえに君臨するだけでなく、人民を保護しその生命、安全を守る義務があったわけです。

パブリックの反対はプライベート（private、その語源はラテン語の *privatus*、人々の目から隠されている）ということになります。逆にプライベート（私的）があってこそ、パブリックに意味があるともいえます。この場合の「私的」は日本語のように、別段、卑しいという意味は全くありません。また、パブリックは「隠されている」の反対語ということで「開かれている」という意味がある、これも大切な点です。

パブリックという概念で気をつけるべきは、言葉の由来からして「人々」がまずあってのこと、または「人々」が主役であるということです。パブリックを「公的」と訳すと、日本語がもつ「公」（おおやけ）のニュアンスから、「人々」よりも支配者、統治者をイメージしやすいので注意が必要です。

パブリックが、近代になって国民国家が成立する一七世紀頃から、「人々の」という意味よりも「国家の」という意味で使われるようになったのは、それなりの理由がありました。限られた領土内の保全や人々の財産、安全を守るために、常備軍をもっていること、またこれを動かせる権力を集中させる機構がどうしても必要になりました。商業・経済活動も広がってきていましたから、利害も対立し対外的に戦争も起きやすくなり、国民を一つにまとめあげる権力機構としての国家が主役になってこざるを得ません。国内的には法律を整備して人々の権利を守ると同時に、法律を統治の手段として使っていくことになります。

パブリック（「人々の」）はこうして「国家的」の意味に移行していくのです。*res publica*（人々のもの）が主権を備えた国家の意味で使われるようになります。そうなると、国家の権力は、国内の「人々」にはかえって自由を抑圧する方向で働かざるを得ません。

西欧の近代国民国家の成立以後、このように「国家の」権力的あり方と、「人々の」自由を望む市民生活のあり方とが、絶えず拮抗していることに注意しましょう。この拮抗の緊張関係をパブリックと呼んでいいかもしれません。パブリックという言葉によって、ある論者は「国家的な」事柄を意味し、ある論者は「市民的な」事柄を意味するという現実は、西洋の歴史のどの面に、またどの地域に重きを置いているかによって異なってきているのです。筆者の場合は、パブリックを「人々の」「市民的な」「共有の」「開かれた」事柄に重きを置いて解釈し、日本語でこれを「公共的」と表現する立場を取っています。ですから筆者にとっては、パブリックを「公的」と訳すことは的外れになるわけです。

以上のような国民国家の二重性のことを、学問的にきちんと裏づけた本があります。ゲオルク・イェリネクの一〇〇年前の大著『一般国家学』です。

邦訳でも七〇〇頁以上にも及ぶ『一般国家学』は、大きく「一般国家社会学」と「一般国法学」の二部に分かれます。近代の国民国家では、結局のところ、パブリックの内容が国法的な主権権力装置のほうに吸収されていったことが描かれています。「最終的に主権者に登り詰めたのは、君主でも国民でもなく、国家」であり、「近世から近代に向けての歴史は、結局、国家のサクセス・ストーリーであった」ということなのです。国家が先か、個人が先か、この問いは日本国憲法の改憲問題にも関係して今後の日本の世論の動向にもかかわってきますので、パブリックの課題と関係づけてきちんとみておく必要があります。

結論としては、『一般国家学』では、国民が結成する「パブリックなもの」（*res publica*）が国家であり、その統治主体は「パブリック」を目的として国民が結成した社団法人のようなものであり、その定款は憲法である、ということになります。結論からいえば、「パブリックなもの」は国家によって一元的に回収されており（すなわち「公」）、国家以外のあらゆるものは「私」ということになります。徹底した公私二元論といってよいでしょう。

3 パブリックの新たな意味

パブリックを「国家」に一元的に回収していった西洋の歴史を理解することが重要です。ただ今日のヨーロッパをみていると、そのような強権的な「国家」のイメージはないようにみえます。これは一方において、市民社会の歴史も長く存在したからです。ここが日本の歴史と大きく異なるところです。国家意識が弱まり、国境もほとんどフリー・パスで通過でき、通貨も共通になっているEU（ヨーロッパ連合）の日常、これはどんな歴史的背景をもっているのでしょうか。実は、その歴史は、パブリックが新たな意味を帯びて再登場していることと深くかかわっています。

近年、欧米において、国家の側からではなく「人々の」側から、市民の側から立ち上がるパブリックの意識が顕著になってきています。そしてこれはグローバルな場面で、環境や平和のための国際NGO活動などとリンクしていて、日本の新聞、テレビなどでもおなじみになっていることです。

市民的パブリックを考える目的は、市民の日常生活をどのように民主的に自由に生き生きとつくり上げるか、ということです。特に日本の今後の福祉はこの点にすべてがかかっていると言っても言いすぎではありません。しかし現代日本人の生活は、必ずしもそうなってはいません。いやむしろ逆に、絶えず何かに圧迫され鋳型に入れられたように感じられます。

なぜでしょうか。それは、現代人の生活が、高度にシステム化された統治機構（第一セクター）と、資本主義的企業群（第二セクター）の双方から押しつぶされそうな状況にあるからです。序章で述べたように私たちの「生活世界」が権力、貨幣、科学技術の力によって浸食されているのです。市民の生活世界の回復こそが、市民的パブリック（公共性）の意味です。近代になって国家に一元的に回収されてしまったパブリック（公共）を、市民の側に転換していく試みです。日本でもようやくそれがはじまりました。「新しい公共」はそれを表現している言葉です。

では、「市民」とはだれのことでしょうか。フランス革命（一七八九年）を起こした時代、「市民」とは経済的にも自立して、ものを考える人々を指していました。当時の言葉ではブルジョア（bourgeois：中産階級）です。特に国政に参加する面を強調するときの「市民」は、シトワイアン（citoyen）と呼ばれました。この市民はまず文芸的言論を通して、次に政治的世論形成を通して、私人の立場から自発的に市民的公共性をつくり上げていました。

ところが、二〇世紀後半になって、国家が公共性を占有してきた時代には、大部分の国民は福祉国家からの受身的なただのクライエントになってしまっている、こういうジレンマがあります。主権者として国政に参加しているときは公民であるはずなのに、他方で、官僚制的福祉国家のクライエントという私人にすぎない、というのです。ここには、「公と私の二元論」が強く作用しています。そこで、今日の民主主義はこのジレンマを解決するために、単に代表者を選挙するだけでなく、市民参加型でかつ立法過程も担えるような討議民主主義ないしは熟議民主主義にならなければいけないのです。市民活動と市民参加があって、初めて社会のリハビリが可能になるのです。

これはヨーロッパの状況だけでなく、序章で述べたように歴史の位相は異なりつつも日本の状況でもありました。特に、福祉の観点からみるならば、第一章でみたように、強固な官僚制福祉国家の「措置制度」のなかに生きていた時代がいまや終わり、新たな「契約制度」のもとで「新しい公共」をつくりつつあるのだ、ということです。

ただ、そうなるためには、まず、国家と市民社会の区別が必要でしょう。たとえ、国家はそれ自身が社団法人と形容されようとも、市民社会のほうはさまざまなコンソシエーション（結社）、つまり非国家的・非経済的な結合関係からなる、こういう自覚が必要です。日本の場合であれば、協同組合、共済組合、各種のNPO、住民の互助組織などの中間集団の働きです。これらが市民社会をつくっているのだ、という自覚と、もはや「お上」「国家」「官僚」主導には頼らないという気概が必要なのです。

すでに述べたように、政権交代直後の二〇〇九（平成二一）年一〇月二六日、第一七三回国会における鳩山由紀夫内閣総理大臣の所信表明演説では、官から民への「新しい公共」の提示がありました。以下のような言い方です。

「私が目指したいのは、人と人が支え合い、役に立ち合う「新しい公共」の概念です。「新しい公共」とは、人を支えるという役割を、「官」と言われる人たちだけが担うのではなく、教育や子育て、街づくり、防犯や防災、医療や福祉などに地域でかかわっておられる方々一人ひとりにも参加していただき、それを社会全体として応援しようという新しい価値観です。」

「新しい公共」が、今後、本当に根付くかどうかは、国政の責任者から言われる前に、市民の意識次第によるということでしょう。

民主主義とは何か

市民の自発的働きによる市民主導によって、協働と友愛と連帯によるネットワークをつくり、そこで絶えず互いに学びあう姿勢をもちたいものです。

「市民的公共性」という発想で大事なのは、「政治的に論議する市民たちの対話」なのですが、これが機械的なシステム（諸制度）に置き換えられてしまう、そのことが現代社会の問題です。もし、市民たちが「政治的に論議しつつ媒介する」ことを、例えば「公共する」という動詞形で表現すれば、新たな公共哲学の役割がみえてきます。ただしこの「公共する」ときに、「私」の側の人格的成熟が前提とされていることに注意しましょう。人の話をよく聞いて、人と対話できなければなりません。

公共哲学が哲学である理由は、まさにこのような人間論について深い考察をしていくところにあります。ただ、制度をつくればそれで終わり、ということではないのです。法律をつくり、それを適用すれば、社会はよくなるというものではありません。もし「統治する」ことが政治のすべてであれば、ことはそれで済むでしょう。統治されやすい、ものを考えないで「お上」（＝公）に従順に従う人間が多数生み出されればいいわけですから。多数の受身的なクライエント大衆と少数の統治するエリート、そこに帰結するのは何でしょうか。全体主義でしかありえません。

民主主義は統治ではなく、自治の制度です。自分たちで自分たちの「生活世界」から連帯して自らを治める制度です。法律はそのための道具でしょう。そして「私」自身が自覚してそれをなすには、「私」の自己鍛錬が必要です。民主主義の教育には、古風な言い方ではありますが、このような絶えざる自己鍛錬が含まれているのです。

もしその「自己鍛錬」を欠いたとき、「私」は巨大システム化した「公」に飲み込まれるでしょう。現代版の「滅私奉公」（私は消滅して巨大な公の道具化する）が登場するでしょう。日本の場合には、戦時中の滅私奉公が、極めて現代的な装いをもってメディアを駆使しつつ登場する可能性がなくはないのです。

「自己鍛錬」と「公共の福祉」

ヨーロッパで市民的公共性の理論と実践を指導してきたドイツの哲学者ユルゲン・ハーバーマスが、ごく最近、民主主義のもつこの「自己鍛錬」の問題に気づいたのか、宗教の問題に深く触れるようになりました。これは、単に、現代のグローバルなレベルでの宗教復権に対処せよ、というような次元の問題ではありません。民主主義の制度そのものに、はらまれていた危機が露呈してきたということなのです。市民的公共性の離陸した一八世紀の啓蒙主義に内在していた「理性的人間」の限界が、今日、あらわになってきたということです。人間は理性のみならず、感情も、霊性（スピリチュアリティ）も備えた存在なのですから。

また、別の面からのスピリチュアリティや宗教性への考慮の必要性も出てきています。「読書する教養層」は、言語的コミュニケーションによって市民社会を形成しようとしました。しかしこのような啓蒙的理性への信頼は、ヨーロッパの二度の大戦によってもろくも崩れました。ファシズムやナチズムの登場は、理性でははかれないドロドロした非合理的な民族性や愛国心を利用しつつ、ヨーロッパ的啓蒙のプロジェクトを挫折させました。「自己鍛錬」を欠いた大衆は、さっそうとして登場するカリスマ的な指導者に身をゆだね、良心を麻痺させていきました。

ユルゲン・ハーバーマス（一九二九年〜）

ドイツの哲学者、社会理論家。マルクス主義に立つフランクフルト学派第二世代を代表する学者でありながら、それを脱皮しつつポパー、ガダマーらとの論争を通じて、合理的概念の再考による批判理論の鍛えなおしを精力的に行った。その立場は主著である『コミュニケーション的行為の理論』に表れた対話型の解釈学であり、『公共性の構造転換』によって公共性論争を主導した。最近ではラツィンガー枢機卿（現ローマ法王ベネディクト一六世）との対話で民主主義と市民的公共性に宗教が重要であることを指摘している。

ここで「民族のために」「国家のために」というエモーショナルに人をかきたてる衝動が、人々を戦争と残虐な行為に駆り立てていったのです。為政者はこれを愛国心、ないしは公民宗教という名のナショナリズムに利用しました。啓蒙主義を経験せず市民社会を経験しなかった日本では、ファシズムのこの面が、国体という形でより明瞭に現れたことは、私たちの記憶に新しいところです。

二一世紀の民主主義の形成は、市民の「自己鍛錬」の問題が、構造的に含まれねばならないことを理解しましょう。「私」の人格をいかに成熟させて、他者と共働して自治を賢明な形でつくり上げていくか、私を活かし、公を開いていく、すなわち「活私開公」を実現することが必要になっています。「滅私奉公」ではなく、「活私開公」の必要性。

ハーバーマスが市民的公共性の重要な要素として、スピリチュアリティや宗教を考慮するようになったのは、単に「人権」や「権利」という啓蒙主義の普遍的な概念の主張だけでは市民社会が十分に機能しない、こういう点に気づいたからです。いわゆるリベラルな政治共同体の限界です。他者のための福祉という発想がどこから出てくるか、というモチベーションの問いに突き当たったからです。

彼いわく、「自己の利益を正しく理解してそれを擁護するという点に関してだけでなく、権利の行使にあたって「公共の福祉」を志向しなければならない。そしてこれは、相当に高度のモチベーションの投入を要求されることであるが、法によってそうしたモチベーションを強制することは不可能である(1)」。

このモチベーションの出所は「法律」ではなく「道徳」なのです。つまり、

「必要とあれば自分の知らない匿名の同じ市民を助けることを請け合い、「公共の利益」のために犠牲も覚悟する〔たとえば福祉のための増税など〕というのは、リベラルな政治共同体の市民に受け入れてもらうには、かなり無理な要求なのである。それゆえ政治的美徳は、たとえそれがほんの小額ずつ「要求される」場合でも、デモクラシーの存続には不可欠である。(2)」

市民社会は自発的な道徳を要求する社会なのです。そしてハーバーマスはこの道徳と、世界の大宗教の伝統とを結びつけます。宗教的伝統が養ってきた「自己鍛錬」から出てくる「自己犠牲」という道徳と結びつけるのです。これは啓蒙主義哲学には及びもつかなかったことでしょう。そして次のように言います。

「哲学は、認識上の自負ではこうした次元に及ばない。この不均衡にこそ、宗教から学ぼうという哲学の態度の理由があるのだ。(3)」

というように、宗教の役割に注目する発言をするようになりました。啓蒙的理性を重視してきた人物としては驚くべき転換というべきでしょう。しかしながら、筆者が日本で公共哲学を展開してきたときには、すでに初めから考慮に入れていたことでした。

リベラルな政治共同体が前提にしている個人の自由の尊重は、どのようにして他者のための福祉〔公共の福祉）、そして自発的な道徳、さらにはスピリチュアリティと関係しているというのでしょうか。

熟議民主主義に向けて——熟慮と討議と協働

政治的論争がそれぞれの陣営の利益誘導にあるのは否定できませんし、それが「対立の契機」に導かれることもしばしばです。各人の利益追求は当然認められるわけですが、古来、政治的議論という以上は、公共善のようなものを目指してきました。対話的な民主主義を尊重するわれわれは、このように公共的に人々に共有できる善という規範があることを前提にします。しかしながら、近代のリベラリズムはこの「善」の判断を私的なものとしてカッコに入れてしまったのです。

もっとも、第二章で述べたように、この善の規範があらかじめ絶対的に固定されているとは考えませんし、かつてのプラトンやアリストテレス哲学のように理性によって見いだせるとも考えません。また、カントの自律した実践理性のように万人に当てはまるとも考えません。グループによって異なり、多元性をもつことを承認します。ただ、この善は討議と対話の「過程」で見いだされるのであって、全くの無規範ではなく、おおむね、儒教の五常（仁、義、礼、智、信）に沿ったものと考えます。

討議の「過程」を重視する理由は「異質な他者」との対話によって、違和感と敵対心をもつ相手であっても、「なぜこの人はこういう考え方をするのだろう」という他者理解を想像力とともに働かせるためです。時間をかけた熟慮と討議のなかで、自己の先入観が変えられる可能性も否定はできません。

共通善・公共善

善の概念は個人的なものではなく、共同体的なものであるという主張が「共通善」である。ギリシャのアリストテレス倫理学においては中心的な考え方であった。しかし、西欧の倫理思想は次第に個人を単位として考えられるようになって、善も個人の幸福や好みと関係づけられることが多くなった。功利主義の政治経済思想では、善は個人の利益や好みの集積である社会的効用に発展したが、ジョン・ロールズの『正義論』の出版によって功利主義が批判され、「善」よりも「正義」に重点が置かれた。これを受け、現代倫理学では、個人の善ではなく共同体的な善としての共通善の重要性の議論が再び盛んになった。その場合、単なる同質者の集まりである共同体よりも、異なる考えの人々が多元的に共存する場である公共圏における善、すなわち公共善について議論されるようになっている。公共福祉という考え方は、公共善や公共の幸福という議論の延長上にある。

イマヌエル・カント（一七二四～一八〇四年）

ドイツの啓蒙主義時代の哲学者。三部作の『純粋理性批判』、『実践理性批判』、『判断力批判』によって批判哲学を説いた。認識はアプリオリ（先天的）な感性の形式としての時間・空間と悟性の形式としてのカテゴリーによって秩序づけられるが、経験的な現象世界のみで可能であり、本体の世界（物自体）は不可知なままである。このような「現象世界」と「本体の世界」の間の矛盾、すなわち二律背反は理論理性に固有なものであり、経験を超えた自由・霊魂・神については理論理性によっては知られず、実践理性によって要請されるしかないと説いた。

個人、または少数の人格的対話が、ミクロ的に合算して集合的な意志になるわけではありません。マクロには、ミクロにおいて予期しない結末が生み出されることがあり得ますが、それでもそれが五常に沿った枠内のものである限り、他者の人格を尊重する限り、人々に受け入れられるでしょう。

前述したように、ごく最近まで、ユルゲン・ハーバーマスのような熟議民主主義の提唱者は、対話における「公共的理性」を最も重要視していました。しかし対話の「過程」で大事なのは公共的理性だけでなく、感情も重要な要素です。公共的な場で働く感情、つまり公共的感情も重視します。

しかし、時として感情は暴発する危険性があります。そもそも「理性と感情」の二元論が、啓蒙の弁証法の背後にありました。そこで、この二元論を突破しないかぎり熟議民主主義は十分なものになりません。理性と感情の背後にあってこれを調和ならしめる霊性（スピリチュアリティ）、そしてモラルと市民的美徳が必要です。

哲学は人間のなかで閉じていますが、宗教は神や仏、天との霊的（スピリチュアル）な交流を含みます。自我の覚醒体験というだけでなく、神や仏や天の恩恵への応答という倫理的な生き方を伴います。倫理性を伴わない霊性（スピリチュアリティ）は受け入れられません（オウム真理教事件などカルトの問題点を想起せよ）。自己が生かされていることと同時に、他者も生かされているという「生命の恩恵」への応答責任を欠いているからです。「理性と感情の背後にあってこれを調和ならしめる、モラルと市民的美徳」の源泉はここにあります。ここにおいて民主主義への霊性（スピリチュアリティ）の果たす役割は、「自己―他者」関係であり、「公共の利益」ないしは「公共の福祉」を目指したものであることが分かります。

「公共の福祉」は憲法にある言葉なので、国家的な政策であると思い込むかもしれません。しかしわれわれは、国家ではなく市民社会のなかで、市民のさまざまな領域主権をもったグループの自治を基本とし、それらが地域主権を樹立した地域政府と協働していくことを基本と考えます。税の徴収もその方向で整備して、基本的には、中央政府はこれらを補完していく役割を果たすべきです。こうして外交、環境、貨幣鋳造など国家の中央政府にしかできないことと、住民に近い市民社会と地域政府のやるべきこととははっきり区別すべきものです。

弁証法

一般的には矛盾、対立、二律背反を調停する過程の方法。カント哲学には、「自然」と「自由」の強い二律背反が現れていたが、ヘーゲルはこれを正・反・統合の過程をとる精神の弁証法運動によって解釈し、弁証法を歴史の発展法則としてとらえた。マルクス、エンゲルスは唯物論の立場からヘーゲルの観念論的弁証法を批判し、唯物弁証法を唱え、共産主義社会を基礎づけた。特に、啓蒙主義の時代は理性を強調し、科学の発展を手放しで受け入れた反面、これによって人格が機械的な科学的合理性に支配され、自由が阻害されていくといった強い矛盾に迎合することとなった。このような形の「啓蒙の弁証法」は現代の西洋哲学の性格を大きく特徴づけるところとなっている。

社会をよくするのも、悪くするのも、自立した一人ひとりの市民の自覚と責任によります。そして外国人労働者も増えている今日、「異質な他者」との間で友愛と連帯を育む方向で、幸福な時代を切り開きたいと願うのです。それだけではありません。超高齢社会の到来する日本が生き延びていくには、宗教も習慣も異なるアジアから、多くの人々が看護や介護の専門職として移住してくることがどうしても必要になっているのです。

④「新しい公共」は国境を越える

国際公共財

パブリックは国家に一元的に回収された歴史がありました。しかし、いまや市民の側がこれを取り戻しつつあります。市民的公共性と称する「新しい公共」です。その目的は何よりも「人間性の豊かな生活をしたい」「生活世界を充実させたい」という思いからです。

グローバルなこのような動きに呼応して、日本でも、この「新しい公共」の概念について語る時代に入っています。首相の所信表明演説にすら登場していました。しかし、市民社会が脆弱なままに、「お上」主導と官僚主導の近代化で、そして戦後の政府・企業の護送船団方式の経済発展一辺倒でやってきた日本で、この「新しい公共」がなかなか自分たちのものにはならない、こういうもどかしさを覚えます。

経済界では、大きく分けて、かつての「日本型経営」とアメリカ流の市場主義の間の軋轢があるでしょう。日本型にせよアメリカ型にせよ、これは「営利」企業セクターでの話であり、「政府」セクターではないという意味では、市民社会の重要な要素であります。しかし、筆者が注目したい市民社会の形成は、むしろ「営利」と同時に「非営利」の部分をそれとして意味づける哲学の構築にこそある、ということでした。市民的公共性という言葉をそういう意味で使ってきました。

市民の側がこの点を自覚できないと、日本の今後はかなり悲観的な方向にいってしまうのではないか、特に福祉は充実したものにならないのではないか、こう危惧されます。ＥＵでまとまりつつあるヨーロッパ、軍事面と経済面で強さを誇示するアメリカ、独自のイスラーム文化圏で結束する中東、経済発展の著しい南アジア。このなかで、かつての経済大国の日本はどうするのか。東アジアで中国、台湾、韓国などと平和共存を図りつつ、文化国家として、どう自らを築き上げていくのか。

「新しい公共」について考えるときに大事なことは、現代では必ず一国家を越えてしまうということです。国家という枠組みを越えて市民の連帯が必要な時代です。これは市民、住民に身近な環境問題を考えても、すぐに気づくことでしょう。地球環境問題は地球的規模で協力しなければ全く効果がありません。今後の日本で、環境税が導入されるでしょうが、それは福祉の充実という目的で使われるべきことをはっきりさせるためにも、環境の問題に目を注ぎましょう。

「気候変動に関する政府間パネル」（ＩＰＣＣ）の第四次評価報告書によれば、一九世紀末から二〇世紀末の一〇〇年間に気温は〇・七四度上昇（海面は約一二～二二センチメートル上昇）し、全地球的な温度分布の解析から、温室効果ガス（大気を温暖化する二酸化炭素、メタン、一酸化二窒素など）の増加といった人為的活動による気候への影響が現れていると指摘されています。

さらに石油などの化石エネルギーに依存する高成長社会が続けば、二一世紀末の地球は二〇世紀末より一・一～六・四度上昇し、海面上昇は一八～五九センチメートル上昇すると予測されています。それだけ温度上昇するとどうなるかというと、地球の広い地域で深刻な水不足が起こり、穀物生産は減少します。生物種の四割以上が絶滅してしまう。生態系が壊れ、感染症の分布地図が変わるなど、想像を超えた異変のリスクも高まります。

自然環境は全人類に共通に与えられている恩恵です（共通恩恵＝common grace）。だれがこの恩恵を守り抜くのでしょうか。行政でしょうか。企業でしょうか。それとも私たち市民一人ひとりでしょうか。

今日、地球環境は地球市民全体のものという意味で、国際公共財という言葉が使われています。もともと、公共財という言葉は、私有財産でないもの、例えば公園、港湾、灯台などの施設、警察、外交、国防などのサービス、つまり市場での取引の対象にならないものを指していました。経済学などでの歴史をみれば、財（goods）が善（good）から派生した言葉であることからもわかるように、遠くギリシャの倫理学の共通善（common good）にルーツをもっています。そしてそれはいまや、一国内のことを越えて地球大に及んでいるのです。筆者は財に転化しやすい「共通善」よりも「共通恩恵」を基本にした倫理学を構築すべき、とも述べてきました。

「国際公共財」という言葉は、国際関係論の分野では「資金や人材を出す主要国だけでなく、他の多くの国、人々も利益を受ける国際的制度や条約」と定義されています。特に環境にかかわるものを挙げれば以下のようなものでしょう。地球温暖化防止、感染症の拡大危機防止、エネルギー安全保障、食料安全保障、経済安全保障。ここで前に挙げたものほど国際協力を必要とし、あとになるほど国家中心性が強くなる、ということです。地球に与えられた恩恵を守るために、市民が自ら意識して立ち上がると同時に、政府や行政がかかわらなければならないのは当然のことです。

公共財と公共信託論

国際公共財を保持していくための環境倫理が必要です。ここで環境倫理を筆者の視点から要約しておきましょう。

環境倫理は三つのこと、「地球の有限性」「世代間倫理」「自然の生存権」を掲げます。「地球の有限性」は当然一国家の利益を越えて、地球全体の利益を優先していきます。有限な化石燃料の掘り出しに炭素税をかけたり、大気圏にガスを廃棄するのに環境税を払う仕組みをつくることなどが必要になってきています。

「地球の有限性」は単に資源が枯渇していくというだけでなく、地球温暖化現象の元凶である二酸化炭素などの温室効果ガスの排出が、気象異変をもたらし、砂漠化さらには穀物量減産をすでにもたらしつつあるという現実の解決も含みます。これは一国のレベルでは解決不可能であり、多国間の協力なしには何も進みません。一国のみの繁栄を願う、偏狭なナショナリズムの時代は終わっているのです。

「世代間倫理」は同世代間のみならず、未来の人々を配慮する「ケアの倫理」を要求しています。資源が有限な地球では、持続可能な社会の仕組みづくりが望まれ、将来世代への「ケアの倫理」はどうしても必要です。

「自然の生存権」は、人間以外の被造物にも生存の権利を認めていくことをどのように承認していくかということです。生きとし生けるものすべて、大地すらも視野に入れる倫理を土地倫理と呼んでいます。これらの考え方はいずれも人間中心主義、人間の理性万能の近代主義思想に対する限界をまざまざと見せています。

ただ、ほかの生きものを食べて生きていかなければならない人間にしてみれば、ほかの生命の犠牲のうえに生かされている、という謙虚な自覚をもって生きるしかないでしょう。そのうえで、人間は土地やほかの生命体への責任を果たす、そのような責任の倫理学の開発を目指したいものです。

先に、「二一世紀の民主主義の形成は、市民の『自己鍛錬』の問題が、構造的に含まれねばならない」と書きました。市民社会とは自発的な道徳を要求する社会です。ここから市民社会の〝リハビリ〟がスタートします。そしてユルゲン・ハーバーマスはこの道徳と、世界の大宗教の伝統とを結びつけました。宗教的伝統が養ってきた「自己鍛錬」から出てくる「自己犠牲」という道徳と結びつけるのです。

「ケアの倫理」と世界の大宗教の伝統ということで、例えばキリスト教やイスラーム教の共通の正典である旧約聖書を取り上げてみましょう。旧約聖書の創世記には、「ケアの倫理」の原型が出てきます。それは創世記の一章二六節で、人間がほかの被造物をケアする責任が神から信託されている、というところです。

神は言われた。「我々にかたどり、我々に似せて、人を造ろう。そして海の魚、空の鳥、家畜、地の獣、地を這うものすべてを支配させよう」。

ちなみに、ここで新共同訳聖書で「支配する」と現代的に訳されている言葉の本来の意味は、「責任をもってケアする」ということです。神はほかの被造物へのケアを、特に人間という被造物に信託しているのです。

筆者は公共哲学に基づいた環境倫理として、すでに述べた「公共信託論」を再度提起したく思います。それは国際公共財を信託する理論ですが、一九七〇年代にアメリカで出された当時は、政府（行政）に信託すると解されたものです。およそ以下のような内容です。

① 大気や水のような一定の利益は市民全体にとって極めて重要なので、それを私的所有権の対象にすべきではない。

② 大気や水は、個々の企業のものというよりは、自然の恩恵にあずかるものであるから、個人の経済的地位にかかわりなく、すべての市民が自由に利用できるようにされるべきである。

③ 公共財を、広範な一般的使用が可能な状態から私的利益のために制限的なものに分配しなおしたりしないで、むしろ一般公衆の利益を増進することが政府の主要な目的である。

しかしいまや政府のみならず、市民にも、また企業にも「天から」信託されていると考えるべきでしょう。行政や企業のみならず市民の役割を重視しましょう。環境基本法（一九九三）の第一条に「この法律は…現在及び将来の国民の健康で文化的な生活の確保に寄与するとともに人類の福祉に貢献することを目的とする」とあるのですが、信託の観念はまだ国民に弱いのです。

公共信託論は人間が人間である責任の倫理であり、このような市民の「自己鍛錬」なくして二一世紀の民主主義はないのです。単に「省エネ」というレベルの自己犠牲ではなく、倫理的に「自己鍛錬」と「自己犠牲」を伴うモラルを市民一人ひとりが身につけていく時代に入っているのです。

このモラルを醸成するのが「公共の精神」であるべきです。新教育基本法に入った文言です。ところが、「公共の精神」が新教育基本法に入ってきたプロセスをみると、このようなグローバルな視点が徐々に矮小化されてしまっていたのでした。まことに残念です。

「公共の精神」は市民社会にボトムアップかつ自発的に行きわたるべきものであり、国家がトップダウンに強制するものではありません。国家と市民社会は区別されねばなりません。福祉について考えるとき、これまでどうしても「福祉国家」ということで、国家に期待するところが大きかったのですが、二一世紀に入った今、改めて「国家とは何か」ということを考え直すべきです。

今後、福祉国家よりも福祉社会を創造するべきであり、そのときの国家の役割をはっきりさせるためにも、次章で、私たちの視点から「国家」について再考してみましょう。福祉のテキストとしては、従来あまり重きを置かなかったテーマでありましたが、再度、ここで「公共福祉」の視点からまとめておきます。

●引用文献

（1）ユルゲン・ハーバーマス、ヨーゼフ・ラッツィンガー、フロリアン・シュラー編、三島憲一訳『ポスト世俗化時代の哲学と宗教』岩波書店、二〇〇七年、八頁

（2）前掲書（1）、九頁

（3）前掲書（1）、一八頁

●参考文献

・ここで筆者が前提にしている公共哲学とは、佐々木毅・金泰昌ほか編『公共哲学　全二〇巻』東京大学出版会と『公共哲学叢書』東京大学出版会およびそれに関連した文献が問いかけている総体。また稲垣久和『靖国神社「解放」論――本当の追悼とはなにか？』光文社、二〇〇六年、稲垣久和『国家・個人・宗教――近現代日本の精神』講談社、二〇〇七年、山脇直司『公共哲学とは何か』筑摩書房、二〇〇四年も参照。

・広井良典・小林正弥編著『持続可能な福祉社会へ――公共性の視座から　第一巻』勁草書房、二〇一〇年

・広井良典『コミュニティを問いなおす』筑摩書房、二〇〇九年

・幸福論については、アリストテレスは『ニコマコス倫理学』のなかで*eudaimonia*について論じている。これは英語に翻訳すればhappiness（幸福）よりも、むしろwell-being（よく生きること）に近い概念で、ある程度は客観的に議論できる概念である。しかし幸福のほうはそうではない。稲垣久和『宗教と公共哲学』東京大学出版会、一四二頁以下、二〇〇四年参照。

・中西正司・上野千鶴子『当事者主権』岩波書店、二〇〇三年

・松下圭一『市民自治の憲法理論』岩波書店、一九七五年

・ゲオルグ・イェリネク、芦部信喜ほか訳『一般国家学 第三版』学陽書房、一九七四年

第4章 国家について考える

1 国家とは何か

国家の正当化に関する理論

国家は普通、領土、国民、統治権の三要素を備えたある領域を指しています。このような国家の定義は合理的ではありますが、今後の福祉のあり方を考えるためには再考を要します。何よりもまず、現実には国家は歴史的に存在してきたものです。これまで五類型にわたって基礎づけが試みられてきました。宗教的、自然的、法理的、道徳的、心理的の五つです。

① 宗教的

国家は神の創設によるという発想は、古代世界にあまねく行きわたっていて、初代キリスト教時代のヨーロッパにもありました。中世に移行しはじめる頃、アウグスチヌスによって神の国（*civitas dei*）と現実の世界、すなわち地上の国（*civitas terrena*）とが対比され、国家は罪に汚れた地上の国と同一視されました。ただしそのような国家も、神の恩恵によって、かろうじて罪が抑制されつつ存在が可能になっています。アウグスチヌスの国家論はトマス・アクィナスに引き継がれ、ギリシャのアリストテレス的な共通善を推進する場としての国家という捉え方となります。キリスト教会（ローマ・カトリック教会）はその上にあって、国家の成員を天国に導く制度として意味づけられました。

一六世紀の宗教改革は、ローマ・カトリック教会の内部改革からはじまりました。国王がローマ教会と結託している場合には、改革者たちは国家にも抵抗し、結果的には教会と国家を分離する方向に促し、国家は世俗的な主権によって一元的に統治される領域となりました。ただし国家は内面の問題には入り込まないという約束があり、これが犯されたときに、イギリスのピューリタン革命のような市民革命が起こり、その余波は、アメリカ東部の合衆国独立にまで影響を及ぼすことになります。

歴史的に、確かに、宗教改革は近代国家〝成立〟の遠因（*causa remota*）でありました。

② 自然的

宗教的な国家観とは正反対に、自然的な力の支配するところとして国家を捉えます。ギリシャのソフィストからはじまり、トマス・ホッブズ、そしてカール・マルクスに至るまで続いています（ただしマルクス主義では、国家の抑圧的力は経済史の一定の時点において現れ、やがて階級闘争によって消滅し、権力国家の自然必然性も否定されます）。しかしこの自然的な力、野蛮な暴力による強いもの勝ち、これを容認する国家観は倫理性を欠いていて、とうてい国家の正当化にはなりえません。

③ 法理的

家族法的、物件法的、契約法的の三つに分類できます。

a 家父長説

古代からどの民族も、国家を拡大された家族として構想しました（日本では明治近代国家が、戦時中に国民を天皇の赤子として捉えていました）。西欧近代でも一七世紀のイギリスで、フィルマー卿は人類の父祖アダムの後継者としてイギリス王を位置づけ、人民統治の正当化を図りましたが、ジョン・ロックの批判を招きました。こうした国家の起源は宗教と組み合わされています。

b　家産説

物理的な力をもって勝者になった実力者は、手に入れた物件を家産として保護するために国家を形成する、という説です。前国家的な所有の秩序が、そのまま広大な近代的国家領土となることは

ソフィスト

紀元前五世紀半ばからギリシャ世界に出現した職業的教師。ソクラテス、プラトンのソフィスト批判から「詭《き》弁家」との悪評が後世まで残ったが、知識の普及者、言語批判の先駆者としての意義は大きく、ほぼ同時代の中国の諸子百家に比べられる。

カール・マルクス（一八一八～一八八三）

ドイツ生まれのユダヤ人でヘーゲル、フォイエルバッハの影響を受け、同志エンゲルスらとともに「共産党宣言」を提唱。翌年にロンドンに亡命して永住し、大著『資本論』などの執筆を行なって、その後の共産主義思想に多大な影響を与えた。

正当化しがたいことですが、ヨーロッパでも絶対君主の時代には、国土が君主の家産と考えられた時代がありました。

c　契約説

古代イスラエルでは、神がその民と結んだ契約であるアブラハム契約、モーセ契約などが模範となり、国家の形成時にサウルを初代の王としました（紀元前一〇四四年）。神と民との契約は、また、ダビデのイスラエル諸部族との契約の模範となり、さらには王としての就任の模範ともなっています。これは時代が下って一六、一七世紀のヨーロッパにも影響を与えました。

中世の契約説は国家の起源ではなく王の起源についての説、国民ではなく支配者の設定のための説であり、国家の起源の社会契約説が現れるのは宗教改革以降（一五一七年～）に持ち越されます。ヨーロッパ大陸で、社会契約思想の創始者とみなされているのは『政治学』を出版したヨハンネス・アルトゥジウスですが、彼の場合は個人ではなく都市や地域が契約の設定者です。ホッブズにおいて初めて個人間の社会契約の発想が出てきます（一六五一年）。その理由は、彼がエピクロス的な原子論的機械論によって人間と社会をみたことによります。

ホッブズは国家を二種類に分けています。一つは権力関係に基づく、自然的、歴史的に形成された国家、もう一つは人間の本性から演繹される合理的国家。人間の本性は私利私欲に満ちたものであり、自然状態では万民の万民に対する闘争が生じ、この恐怖心から平和への憧れが生じるにしても、本性からして恒常的な和解は望めません。永続する平和は、すべての者が一つの意志に服従することを内容とする結合契約を結ぶときにのみ得られます。この基本的な契約により、「自然状態」から「国家の状態」に移行するわけです。この契約は社会契約であると同時に力への服従契約であり、ばらばらの個人の間の合意によって国家人格（*persona civilis*）を据えます。個人であれ、団体であれ、とにかく上に立つただ一つの主権をもった支配機関（王など）が合法的に認められる絶対主義国家観です。ホッブズの説では、支配者への反抗は相互の基本契約の違反であり、正当化されません。

社会契約論

一七〜一八世紀のヨーロッパで展開された社会理論。社会的グループ間の契約（ヨハンネス・アルトゥジウス）や個人間の意志に基づく契約によって人間は自然状態から脱して国家を設立するという主張。

ジャン・ジャック・ルソー（一七一二〜一七七八）

フランス語圏のスイスのジュネーヴに生まれ、パリに出て百科全書派と交友。個人間の契約からの『社会契約論』などを発表し人民主権論を提起して、その後の共和主義的民主主義に大きな影響を与えた。

それに対して、ロックの場合は、人類の父祖アダムの子孫としての人間の現実の歴史のなかで起こったとされる社会契約であり、自然状態も相互に自由を承認している穏健な状態です。ジャン・ジャック・ルソーの場合は、不自由な状態にある個々人が自由を取り戻すための一般意志への服従としての社会契約です。

④　道徳的・心理的

ギリシャのプラトン、アリストテレスでは人間の道徳的完成が国家（ポリス）においてのみ可能である、という考え方がみられます。これはそのまま人間の心理的傾向、つまりほかの動物にはない社交の性向をもつ動物である人間、その人間のみがつくる国家という説となります。

このような西洋で発展した国家に対応して、日本の国家観の特殊性を付け加えておくことは重要でしょう。というのは、近代日本の戦前の「国体」思想の場合、この「道徳的」「心理的」な部分のウエートが圧倒的に大きかったと思われるからです。戦前の天皇や皇后による福祉施設への御下賜金の給付など、慈恵主義に基づく福祉のありかたにもそれは出ていました。

プラトンの国家論は受け入れられるか？

ギリシャの哲学者プラトンは、「国家」（ポリテイア）についての理論を展開しました。プラトンの国家観は当時のソフィストに対抗して、「普遍を回復し、人間生活に客観的基準を与えるとともに、国家を自然的機械観からではなく、国民を結合する有機的共同体として理解しようとする」「新たな生の共同体意識、生ける国家的意識の実現が企図されている」といった具合で、すこぶる道徳哲学的です。

こういったプラトンの教説は不幸なことに西洋の歴史のなかでは国家有機体説や全体主義の方向に利用されてしまいました。ドイツでそれが典型的に出現し、ナチズムの温床になりました。国家が国民を道徳的に導くという意味では、教育勅語をつくった日本の明治近代国家にもそのような面がありました。

筆者は、国家そのものを道徳に結びつけるのではなく、市民社会のほうを道徳やモラルと結びつけるほうが今後の福祉文化の形成には重要と考えます。

以下で国家と市民社会とを区別しつつ、その特徴を明らかにしましょう。一言でいうならば、「主権」と「領域主権」との違いということです。福祉を考える際に、なぜそこまで詳細な政治哲学の内容に入らねばならないのか、という疑問をもつ方も多いでしょう。その理由は、福祉の制度的な面が「措置制度」から「契約制度」に変わったからであり、契約は市民社会を成り立たせる基礎だからです。

この制度の転換の意味を本当に理解し、そこから今後の日本の福祉文化をつくり上げるためには、国家と市民社会の区別を理解すること、しかもそれを「主権」と「領域主権」の区別として把握することが必要なのです。最近、民主党が政治改革で使用する「地域主権」という言葉もこれと深く関係しています。

措置制度では行政措置、行政命令という一方的な上からの命令で福祉が決められました。例えば、原則的に、どこの特別養護老人ホームに入りたいかという当事者の意志は全く聞き入れられず、「あなたはここに入りなさい」という命令が一方的にきて、それに服従せざるを得ない、というものでした。契約制度のもとでは当事者主権が尊重され、どの施設に入るのか、原則的には選択の余地がある、それゆえに自己責任も生じるというわけです。

②「権力装置」から「福祉装置」へ

古代ギリシャ・ローマの国家には主権の概念はありませんでした。そして中世後期のヨーロッパになって初めて、国家主権の概念が生じるのです。その理由は国家に対抗すべき相手が生じたためでした。当時、国家の権威をおびやかす勢力は三つありました。教会と、西ヨーロッパ諸国に力を及ぼす神聖ローマ帝国（九六二〜一八〇六年）、国家内部の大封地所有者および社団です。

一六世紀のジャン・ボダンがフランスの政治史から抽象して『国家論』のなかで「主権論」を提起したのには、このような背景があったのです。ここで主権とは「内と外における最高で独立した権力」「市民と臣民との上にあって、すべての法律から解放された絶対的な権力」のことであり、「*res publica* とは主権者による正しい統治」のことです。こうして *res publica*（人々のもの）は、国家的主権のもとに権力的統一体（republic ＝共和国）となったというわけです。「権力装置」としての国家の誕生です。これにより国家と国家の外交的交渉も主権国家同士の交渉ということになります。

「主権」の概念はその後、近代国民国家を定義づける柱の一つとなりました。先の類型化の契約説のなかでみたように、ホッブズは国王に帰する絶対的王権と主権を同一視しました。しかし、ルソーはそれを国民の側に国民主権として転換しました。国民主権論は近代立憲主義のなかに定着し、日本の戦後の憲法もこれを採用していることはよく知られています。

国家主権論は国内的に国民主権として定着したときに、その「絶対的権力」という面を和らげたようにみえます。しかし、国会での議決の際の「多数の横暴」や政府の世論無視の「強権発動」はしばしば民主的国家にもみられるものであり、今日でも課題として残されているわけです。

主権論はパブリックを「国家」に一元的に回収していく歴史的由来と重なっていました。近代国家は、主権という形で権力を一点に集中させ、一元的にトップダウンに権力を行使します。そのことの問題性は、肥大化した現代官僚制国家の至るところに出ています。特に日本では明治の大日本帝国の成立以来、

権力装置、福祉装置

国家の特徴を象徴的に表現する言葉。民主主義が成立する前の国家は、絶対主義国家までは民衆を支配する強権的な権力装置であった。しかし民主主義が成立し国民主権が確立してからは、市場的資本主義のもとで福祉装置へと変化していく。それでも、現在、福祉国家には自由主義、社会民主主義、コーポラティズムなどの類型が生じている。今後、市民社会が領域主権とともにさらに成熟していけば、国家の役割は権力装置であるよりも、福祉装置、すなわち公共財の提供、市場の失敗の補正、所得・資産の再分配、総需要の管理、重厚な社会保障の提供など、整った福祉を提供していく国家となっていくことが期待される。

この特徴を強くもちました。今日、ようやく二〇〇九（平成二一）年に政権交代した民主党主軸の内閣が、これを改革する方向に舵を切りはじめました。ただし、官僚機構の強い力を抑えて、選挙で選ばれた国民の代表者による「政治主導」が発揮されるかどうかは、すべては今後の市民の自覚によるということになります。

パブリックを国民の側に、そしてさらにより豊かな形で市民の側に開いていくことは、今後の大きな課題です。筆者自身はこれをボダン→ホッブズ→ルソーと継承された「主権」の概念をそのルーツに戻って組み替えていくことにより、新たに当事者主権→市民主権（地域主権）→領域主権という方向で展開しながら、より討議的、対話的な市民社会の民主主義、すなわち熟議民主主義の確立と結びつけることを構想しています。

これに対し、ポスト・モダンの今日、しばしば、ミッシェル・フーコーの権力論が政治思想において引き合いに出されます。思想系の雑誌では、一種の流行のような風潮です。これによって、主権論のアポリア（難点）が回避されるかのような口調で語られていますが、問題はそれほど単純ではありません。その理由を簡単に説明しましょう。

フーコーによれば、権力の戦略は、「古典主義時代」に極めて重大な転換を遂げました。それ以前の権力は、「臣下から生産物と財産、奉仕、労働、血を強奪する」主権者の特権であり、それは究極的には、臣下を「死なせる権利」にほかならない、と（あまりに誇張がありますが）。これに対して、新しい権力は「生命に対して積極的に働きかける権力」となるというのです。それは人口や民族といったマクロ的な

ポスト・モダン

もともとモダン（近代）以後の世界、という意味で一九八〇年代に芸術（特に建築やデザイン）や思想・哲学用語として使用されはじめ、一般のジャーナリズムでも世相を現す用語として盛んに使われた。デカルトにはじまる近代合理主義哲学は、二〇世紀に入ってニーチェ、フロイト、ハイデッガー、リオタール、フーコー、デリダなどによって批判され、絶対的真理の崩壊、理性主義の崩壊が語られた。さらに人間・大きな物語・歴史の終焉といったポスト構造主義とも重なる思潮となり、相対主義的価値観を擁護する「ポスト・モダン哲学」となった。現代では多くの論者によって「ポスト・モダン」は近代主義の行き詰まり、という意味で使われることが多い。

ミッシェル・フーコー（一九二六〜一九八四）

フランスのポスト構造主義、ポスト・モダンの代表的哲学者でニーチェとハイデッガーの影響を受けた。『狂気の歴史』『監獄の誕生』などの著作があり、特に「絶対的な真理」を否定し、真理と称する理念は社会に偏在する権力の構造のなかで形成されたものである、と考える。知の役割は「絶対的な真理」を論証することではなく、それがどのように発生、展開し、形成を遂げてきたかを記述する「知の考古学」にのみあるとした。ニーチェの『力への意志』の影響の下に「生権力」「生政治」という独特の権力論を展開した。

問題を重視し、生命を経営・管理し、増大させ、増殖させようとします。フーコーは、われわれの社会を広く覆っているこの新しい権力を「生−権力（bio-pouvoir）」と命名します。この場合の「生」は筆者が領域主権論の出所であると考える「生のニーズ」「生活世界の必要性」と重なってはいますが、意味がかなり違います。

さて、このような主権者の抑圧的姿勢に対して、特に市民が「良心の自由」からして耐え難いと感じるときは、必ずや抵抗するでありましょう。これは歴史上に何度も起こりましたし、「抵抗権」として政治思想史的にも確立された用語です。そして、現代でも民主的憲法のもとでの人権訴訟において起こっていることです。また、選挙による〝政権交代〟もその一つでありましょう。

しかしフーコーの特徴は、その場合の抵抗は従来の政治理論やマルクス主義政治学が前提としてきたような形で、「国家権力」に対する抵抗に集約されるわけではない、というところにあります。「一六世紀と一七世紀の法・哲学思想によって規定されたモデル」によって、われわれは、権力は「国家」だけにあると信じ込まされてきた。しかるに、権力は現在では「社会体のそれぞれの場所、男と女のあいだ、家族のなか、教師と生徒のあいだ、知る者と知られざる者のあいだ、それぞれの場に」つらぬいているのであって、それらは、ただ単に大いなる支配権力が諸個人のうえに純粋に投射されたものではない。したがって、われわれはかつてのように「王様の首」を斬る（フランス革命）だけでは十分ではなく、それぞれのローカルな現場において抵抗を繰り広げて行かなければならない、と権力の概念を広く解釈するのです。

近代市民社会の形成は資本主義の発展とともに、「貨幣の力」が権力と複雑に絡まり、帝国主義的な抑圧を生み出したことは事実でしょう。血の純粋さを叫んで民族浄化すらもありました。勤労の喜びは減退し、人々の生命は個人のかけがえのない命として尊重されることが乏しくなった、そのことも現実でしょう。

特に「男と女のあいだ、家族のなか」にも存在する支配と被支配の権力関係、という見方は今日の福祉の現場にも登場する発想であって、極めて現代的な課題を生み出します。現代社会が、夫から妻へのDV、親から子供へのネグレクト、子供から老親への虐待等を経験すると、そういうフーコー的な権力の解釈もあながち間違ってはいない、と思われるかもしれません。ただ、これらが社会における「労働者の人権擁護」のような権力関係と同一レベルでみられると誤解を招きます。法律によってきちんと整備されるべき事柄と法律以前のモラルがなければ何も解決しない領域を分けていくべきです。

まず「男と女のあいだ、家族のなか」の関係は、本来は法律ではなく愛情によって結ばれた関係であることに注意すべきです。ICFの見方でいえば、「身体構造や心身機能、活動、参加」が愛情によって、友愛によってリハビリされていく過程であるということです。ただ、愛情や友愛などもはや信じられない、「すべては権力関係だ」というレベルでみることも不可能ではないでしょう。しかし、ここに福祉の問題が、単に制度の問題ではなく、本質的に人間の問題であり、人間観や価値観が深く影響する分野である、という筆者の主張もあります。

友愛やモラルなど信じない、という視点から福祉を考えるのか、それとも友愛やモラルをもう一度、現代の複雑化した社会においても真剣に考えようとするのか。筆者が福祉を社会のリハビリとしてみるという見方は、明らかに後者の立場に立っていることを意味します。筆者が「新しい公共」「公共福祉」という考え方を提起するときには、同時に、市民のモラルと友愛の醸成も促しています。

もしフーコーのように、「すべては権力関係だ」というのであれば、福祉においてもモラルよりも法的強制力が優先するでしょう。しかし、筆者は福祉においては「友愛」が優先し法的強制力は二の次になるべきものだ、と考えます。実際、かつての措置制度のもとでは、まずは「行政命令」があってトップダウンな権力関係と法的強制力が重きをなしたのです。しかし契約制度のもとでは市民のモラルと友愛が重きをなす、と考えたいのです。

筆者には、フーコーのような推論からなされる生権力や生政治は、最終的にはただの抵抗のための抵抗、破壊のための破壊、「なんでも反対」という非生産的なニヒリズムの方向に行ってしまうのではないかと危惧するのです。建設的な方向、市民が協力して抑圧の少ない新たな仕組みをつくっていこう、こういう形成的な友愛と連帯の側面が欠けているように思えます。筆者が市民主権、領域主権を唱えるときのスタンスとはかなり異なっているのです。ただ、筆者の問題意識は「生命」を中心にするという意味ではフーコーと重なっているところもあります。

筆者は、人間の労働の意味、家族生活の意味、友愛と連帯の意味を考慮しつつ、生命・生活・生存といった「生のニーズ」を自治から築くために、領域主権論や補完性によって市民的公共性を形成したいと願います。

そこでフーコーの依拠した、もともとの旧式の主権論（一六世紀のボダンの主権論）の意義をまとめると、

① 国家とそれ以外の生活の間に、つまり政治的（公）と非政治的社会領域（私）の間に明確に境界線を引く（公私二元論の誕生）。

② 立法者の意志を確証するものとしての実証的な法の概念を定義する。

③ 本来はそれぞれに異なる領域がもっている独自の立法の権能は、唯一の本源的権能に従属させられる（多元的な領域主権の破壊）。そしてその本源的権能とは、立法に際して権力をもつ主権的国家の権能にほかならない。

このように一六世紀のボダンの国家主権論は、社会の全領域を覆ってしまうほどの強さをもって主張されたのでした。ただし、内面の自由、宗教の自由は保障していたのです。この宗教の重視は、フーコーの議論には登場しません。

要するにボダンの時代は、国家の絶対的主権を導入したとしても、その国家主権のうえに神の権威があることを自覚していたのです。この自覚が失われると、国家の絶対的主権そのものが神になることが容易に推察できます。

この事実はボダンのあとのホッブズ、そしてルソーの主権論でもやはりそうです。神の権威は国家を越えている、ないしは国家を基礎づけているということを意味します。しかしながらポスト・モダンの今日の思想家の場合はどうでしょうか。明らかに「神は死んだ」といったニーチェの延長線上で議論を

展開しています。

そしてフーコーもそうですが、そのように「神が死んだ」場合に、今度は人間の「死への恐怖」と「生への希望」というスピリチュアルな面それ自体のテーマが国家論のなかに絡まってきて、問題をより複雑にします。つまり宗教的に無神論の立場を取っているようでいて、実際は、裏から自己流の神を導入しているのです。そのとき、国家は生のすべての領域で生殺与奪をもって神の如く君臨するようにみえますから、そのような権力装置はあらゆる手段をもって破壊していくよりほかはなくなるでしょう。

今日、国家は人間の内面には入り込めない外面的装置にすぎない、国家権力には最初から限界がある、こういった冷めた自覚が必要です。そのためには、「神は死んだ」といったニーチェ流のニヒリズムを、西洋思想家から受け売りすることで済ませる日本の知的風土、これをまず批判的に吟味して相対化することが必要でしょう。

今日、国家権力の「強制力」はどこに?

今日でも主権権力装置である国家に「強制力」はありますが、それは「国民」が主権者である以上、かつてのような王の専制政治はもはやあり得ません。さらにもう一つ、一六~一八世紀との大きな違いは経済と市場の発達です。

王権という国家の権力は個々人の人権と同時に所有権を保護することがその大きな目的になっていま

す。自分ひとりでは守れない生命や財産所有を保障すること。「信約の有効性は、人びとにそれを守らせるのに十分な、社会的権力の設立によってのみはじまり、それと同時に所有権もまた、はじまるのである」（『リヴァイアサン』）というホッブズの言い方にはその一七世紀的はしりが表現されています。

家族を個人に還元してその個人は所有権をもち、労働を通じて自由な経済活動の主体となります。一八世紀以降の産業革命は資本家やブルジョア階級を生み出し、市場経済は貨幣を中心に飛躍的な発展を遂げていきます。国家はこの個人の自由な経済活動を制限しない私的な利潤追求を擁護し、むしろ道路、インフラ整備などの産業の土台づくりに専念するようになります。

「私的」な利益の追求を「公的」機関である国家が権力をもって保護するという公私の役割分担、国益を侵す他国に対しては戦争も辞さない、という帝国主義の時代も経験しました。しかし、二〇世紀の二度の大戦の教訓は、国益を求めた国家の他国侵略であり、その結果の国内的な疲弊でした。

したがって、戦後、市場経済の発展のなかでは、政府の国民への干渉は主として国民生産の保護のための規制、国際的には自由な競争的市場への規制として働いていました。そこでは、国民に対しての国家の「強制力」は、資本家にしろ、労働者にしろ、貨幣による国家への税金の納付義務のほうにむしろ強く現れています。こうして戦後に、福祉国家が誕生し、国民はこの租税の見返りをサービスという形で還元されることを期待しました。

しかし、産業化社会から情報化社会に転換するにつれて、国境を策定した規制はもはや機能していません。物流と違って情報は——例えばインターネットなど——、簡単に国境を越えてしまうからです。

もはや構造上、中央政府による一元的な強制や統制は効かない時代になっています。特に福祉は、地域ごとに異なるニーズがあって地域福祉が重視されているのですから、地域主権、領域主権は絶対に必要です。

われわれの憲法では、「国民の厳粛な信託」によって政府をつくっている以上、まずは「信託」の発想があり、租税の納入は「強制」ではあっても、国民のためのサービス、公共サービスを期待しての納入です。国家がホッブズの予想以上に巨大なシステムになってしまった今日、公共サービスの提供者は中央政府ではなく、分権を徹底したうえでの地域政府でしかあり得ないでしょう。

地域ごとの市民のレベルにおいて信頼関係を醸成したうえでの自治と契約による福祉政府の形成、国家レベルではなく、市民と地域政府との協働による生のニーズに根ざした公共の形成、この「公共福祉」という考え方こそが二一世紀の日本の課題ではないでしょうか。

3 市民社会と国家の区別

ここで、国家とは区別して新たに市民社会を定義しましょう。

二〇〇八（平成二〇）年の秋から二〇〇九（平成二一）年にかけて、日本の雇用と社会保障の問題が大きくクローズアップされました。全労働者の約三分の一（一七〇〇万人）が非正規労働者であったところに、大手自動車産業や電気メーカーをはじめとする生産部門で、多くの人々の解雇が報道されたからです。その多くは年収二〇〇万円以下で、住むところも失うといった事態に立ち至っています。憲法第二五条の「①すべて国民は、健康で文化的な最低限度の生活を営む権利を有する」は一体どういうことになっているのでしょうか。

雇用を生み出す企業と産業の生産形態、最低限の社会保障をすべき政治と国家のあり方、そのいずれにもほころびが生じています。そういったときに市民自らの手であちこちに「自立生活サポート」がNPO活動等として展開されています。社会的ケアの必要性が、互助組織としてネットワークとして起こされねばならない時代になっています。いまや社会的弱者へのケアやサポートを市民自ら立ち上げていかねば、この国は早晩行き詰まるのではないでしょうか。誰しもがいつかは高齢になり、他者のケアなくして生きていけないときがくるわけですから。

ケアの原型は親の子どもへの愛情でした。一般に福祉の活動には、人間の心の通い合いと他者を思いやるモラルと美徳が伴います。

福祉はどういう場所で行われるのでしょうか。福祉は誰が担うのでしょうか。これらの問いに対しては、人と人とのつながり（consociation）があるところ、と答えましょう。言い換えれば「市民社会」ということです。

「市民社会」という言葉は、西洋の歴史のいろいろな場面で使われてきました。しかしここではそれとは違う現代的意味を込めています。市民社会とは国家から派生してくる人と人のつながりです。国家から一段階だけ「創発」の上がった状態（準安定状態）という意味で使っています。人の生きる市民社会こそが幸福の達成される場所、領域主権の支配する現場です。

なぜ市民社会をあえて国家から区別し、国家よりも創発の上がった状態と考えるのでしょうか。そもそも資本主義社会とは、市民社会が基礎になってでき上がったものではなかったでしょうか。確かに、ブルジョア市民社会（経済社会）とはそういうものでした。しかし、その後の強大な権力と官僚制国家化のなかに、また資本主義的市場化の脅迫的肥大化のなかに、市民の自由の領域はますます狭くなっていきました。西欧先端文明が国家の権力的支配と市場の欲望的支配のなかに飲み込まれていくときに、非国家的で非市場的であるような、人間と人間とが交流する「生活世界」と、西欧に特有の「自由」は消え失せつつありました。

そういったときに、むしろ、東欧の人々の自由の欲求のなかから、新たな視野が開けてきたのです。一やや意外ではありますが、今ここでいう「市民社会」の見直しのルーツは東欧の現代史にあります。

九八〇年代終わり頃からの東欧、中欧の民主主義革命から西欧が逆に刺激を受けて「市民社会」を再発見し、新たに定義しなおしたということなのです。このような市民社会は、強固に存在していた国家（社会主義国家）から自由になる試みです。また、すべてを貨幣的価値に置き換える市場とは異なる領域がある、そのことの再確認でした。強大な官僚制国家と巨大な欲望支配の市場化のなかに押しつぶされていた「生活世界」を回復する試みです。したがって、西欧の政治哲学者からの、以下のような主張が出てくるのです。

「「市民社会」という言葉は、非強制的な人間の共同社会（association）の空間の命名であって、家族、信仰、利害、イデオロギーのために形成され、この空間を満たす関係的なネットワークの命名でもある。中欧、東欧の反体制運動は、極めて限定づけられた形態の市民社会の中で花開いたが、その反体制運動家たちによってつくられた新たな民主主義諸国の最初の任務は、言われているように、ネットワークの再構築であった。そのネットワークとは、様々な組合、教会、政党、そして運動、生活協同組合、近隣、学派、さらにあれこれを促進させ、また防止する諸々の共同社会である。[1]」

確かに、このようなネットワークとしての市民社会の原型は、近代国民国家が登場する以前から西欧に存在していたものでした。筆者が指摘している、ヨハンネス・アルトゥジウスの社会連合体（*con-sociatio*）とはそういうものでした。ただ、西欧の主流の政治思想は啓蒙主義を経て、より個人主義的・

原子論的で市場主義的な市民社会の方向にいったのでした。

そこで市民社会を存在論的順序として、強固な国家のあと、国家からの創発として非国家的、非市場的に新たに理解しなおすのは二一世紀の国際社会では大いに理由があることです。グローバルな時代とは、異質な他者との共存の時代です。国家の意味内容の単純さ（主権を備えた境界内の法的装置）に比して、市民社会はより複雑です。予期せぬ新たなネットワークが次々と加わり、これら多様なグループがときには国境も越えてつながっていくからです。

民主主義への新たな問い

さらに、先の文に続けて、マイケル・ウォルツァーは、「国家と市民社会」について民主主義との関係で次のように述べています。

「民主的国家のみが民主的市民社会を創造できる。民主的市民社会のみが民主的国家を支えることができる。民主政治を可能にする市民性は、共同社会のネットワークのなかでのみ学習することができる。このネットワークを維持する、おおよそ平等で広く普及した能力は、民主的国家によって養われる。[2]」

この前半部分は、国家と市民社会の順序と役割の違いを指摘していて重要です。同じことですが、筆者の公共哲学に則して次のように言い換えることができるでしょう。「民主的国家のみが民主的市民社会を創発できる。民主的市民社会のみが民主的国家を引っ張ることができる」。「引っ張る」という表現は国家の法的規制によって縮みこむのではなく、対話的コミュニケーションとモラルによって人々に活気を与えるということです。このような民主的市民社会の民主主義のあり方を、筆者は国家レベルの民主主義と区別してすでに述べたように「熟議民主主義」(deliberative democracy)と呼んでいます。

今日、民主主義を考察する四つの問いと理由を挙げることができます。第一に原理主義や独裁ではない政治のあり方としての民主主義とはどのようなものか。第二にどのような形の民主主義がふさわしいのか。第三に民主主義を行う場所はどこなのか。第四に民主主義の理念と実践との関係はどうなのか。

これら四つの問いとその理由に対して、さらに注釈を加えると以下のようになります。第一の理由には、日本では戦前に軍部独裁を経験して破滅に至ったという苦い歴史的経験をふまえどうあるべきか。第二の理由には、福祉との関係で言及した北欧の社会民主主義、アメリカの自由民主主義以外に日本により適合したどういう形の民主主義が可能なのか。第三の理由には、市民社会と国家を区別したときにそれぞれの場所で民主主義はどうなるのか。第四の理由には、絶えず地域やNPOなどを通して実践し、民主主義理論を文脈に合わせ修正する等。

国家と区別して市民社会を、とくにそのモラルの醸成を強調する筆者の立場は、それが人間存在の「存在理由」(レーゾン・デートル)にかかわっていると思うからです。社会民主主義を担う人間類型として、すでに述べた社会科学者イエスタ・エスピン=アンデルセンはこう述べています。

「社会民主主義的人間には、ボーイスカウトや敬虔なキリスト教徒のように、みんながよい行いをするときには自分もよい行いをしたいと考える傾向がある。他人によい行いをすることは慈善行為ではなく、むしろ、冷静な計算にもとづく行為である。(3)」

「冷静な計算にもとづく行為」かどうかはともかくとして、「みんながよい行いをするときには自分もよい行いをしたいと考える傾向」が共有できるコミュニティというのは、素晴らしいものではないでしょうか。日本でそれを実行できるならば実行するにこしたことはありません。ただし、筆者は日本の近代史の経験から、これは統一国家として実行するのは無理ではないかと考えます。

もっとも、過去にキリスト教の「隣人愛」の教えをモラルとしてもっていない日本社会であっても、儒教の説く徳目を市民的美徳（civic virtue）として再生することは無理ではないでしょう。ただ不幸なことに、戦後日本の経験は、それとは逆で、個人主義、ミーイズムの方向をとめることができませんでした。経済のネオ・リベラル（新自由主義）路線の破綻がこれに輪をかけて、社会に不安感を増大させています。

不安の大きな事例、例えば「なぜ人を殺してはいけないのか」という倫理的疑問に、十分な答えが与えられない社会になっている現実があります。「自分も殺されたらいやでしょ」という答えで説得することができるレベルを超えてしまった事象が、最近になって増えているように思います。「自分なんか生きていてもしょうがない、死んでしまいたい。人を道ずれにしてやろう。殺すのは誰でもよかった」「社会への復讐だ」という「理由なき殺人」が多発しています。「自分なんか生きていてもしょうがない」「生きることにさほどの意味を見いだせない」という若者が多くなっています。生きることのリアリティがなくなっている時代です。自己愛は本能的なもので、そこから類比的に他者愛、隣人愛を説くのは意味がなくなった、そういう時代にわれわれは生きているのでしょうか。

もちろん、どの時代にも例外的なことはありましたから、「殺すのは誰でもよかった」「理由なき殺人」が現代日本社会を特徴づけているとは思いたくはありません。ただ、文明全体が機械化して、「生命の本質」がぼやけ、「生命そのもの」への愛や尊重が稀薄になっているということは確実にいえます。日本の自殺者数も、一二年連続で三万人を超えている状態です。

しかし、希望がないわけではありません。その同じ日本社会から、国際NGOなどを通して世界の民衆のために汗する若者も出ているからです。アフガニスタンで危険を冒しても「現地の人々の笑顔が見たい」と農業指導をした人もいました。二〇〇八（平成二〇）年八月に現地の武装勢力に誘拐されて殺害された伊藤和也さん（三一歳）です。ですから、やはり隣人愛の精神は今も日本で生きていると思います。「自己を愛するように他者を愛する」という倫理観はやはり現代でも共有したいですし、しなければならないのではないでしょうか。もしこの倫理観を共有できなくなったとき、そのときは、それこそ「日本という国が存在するに値しなくなったとき」ということでしょう。

福祉装置としての国家

倫理的なものが機能し、豊かな福祉社会を築くためにはあるサイズが重要です。一億二〇〇〇万人もの人口を抱えた国家全体でやろうとしても無理です。例えば、国民主権とは本来国民全員が一同に会して議論して決めるシステムですが、それは事実上不可能なのです。人民主権の提唱者のジャン・ジャック・ルソーの住んでいた一八世紀のジュネーヴ共和国では、それが可能であったということですが、そこでは人口がたかだか二万人しかいなかったからこそできたのです。巨大な人口を抱える現代の日本国家において、そのような試みは無理です。

したがって、民主主義の形は国家という大規模な集合体では代表制民主主義でしかあり得ません。このごく一部の選ばれた代表者が「主権」を具体的に行使する以外に方法はないでしょう。だが、それが全員の意志になっているという保障はありません。ではどうすればいいのか。もし、この主権の行使がどうしても必要な場合があるというならば、それは、できればごく外面的な大枠の事柄に限定してほしいものです。人々の生活に密着した事柄はここでは扱わないようにしたいのです。

実質的なことは、分権化した場所で、住民自らもっと突っ込んで熟慮して討議できる小規模サイズの場所で、生活に密着した事柄を決めていくべきです。最近よく引き合いに出される「地域主権」という考え方でも結構です。この住民の熟慮と討議のタイプの民主主義を「熟議民主主義」と呼べば、市民社会での民主主義の内容がまさにこれだと筆者は思うのです。主権の支配する国家では代表制民主主義という形、市民社会という場所では熟議民主主義という形です。市民社会は、さまざまな組合、教会、政党、そして運動体、生活協同組合、近隣、学派等の協同社会からなり、これら多重・多層な生のニーズに応じて領域主権が付与されている、そこにおいて熟議民主主義がなされるべきである、と。

熟議民主主義とは、単に議会などで形式的に議論を行って多数決を取ることではなく、公共的に開かれた討議のプロセスを通して、それに参加する市民たちが自らの見解を変化させ、新たな視座を獲得することを含みます。討議を進めるための条件を練り上げることを通して、討議によって得られる結論に正当性を与えることが含意されています。討議のためには相手を受け入れる寛容さをもち、それによって、市民的美徳が鍛錬される場になるところなのです。

市民社会と国家の区別の必要性は、今後の二一世紀の福祉社会を形成していくうえでの大きな課題です。ただ戦後の日本の福祉は、憲法第二五条の生存権に基づく福祉国家を目指してきたのも事実でした。それは、経済成長路線が順調にいっていた時代の大きな期待でありました。今後は市民社会主導で、むしろ国家を「福祉装置」として活かしていく知恵が求められています。

●引用文献

(1) マイケル・ウォルツァー編著、石田淳訳『グローバルな市民社会に向かって』日本経済評論社、二〇〇一年、一〇頁
(2) 前掲書(1)、三〇頁
(3) G・エスピン=アンデルセン、渡辺雅男・渡辺景子訳『ポスト工業経済の社会的基礎』桜井書店、二〇〇〇年、七〇頁

●参考文献

・ミッシェル・フーコー、石田英敬・小野正嗣訳『社会は防衛しなければならない――コレージュ・ド・フランス講義一九七五〜一九七六年度』筑摩書房、二〇〇七年
・マイケル・ウォルツァー編著、石田淳訳『グローバルな市民社会に向かって』日本経済評論社、二〇〇一年
・熟議民主主義については、例えば田村哲樹『熟議の理由――民主主義の政治理論』勁草書房、二〇〇八年などを参照。
・G・エスピン=アンデルセン、渡辺雅男・渡辺景子訳『ポスト工業経済の社会的基礎』桜井書店、二〇〇〇年

終章
公共福祉へ

日本の地方都市で

公福祉が国家による福祉（措置制度）であるとしたら、公共福祉は契約制度のもとでの地域主権の福祉です。これを地域福祉と呼んでもいいのですが、公（＝国家、地方政府）と私（＝個人、家族）の責任をはっきりさせつつ、そのうえでさまざまな中間集団の領域主権を発揮して私から公へと媒介すること、そこから公と私の協働を友愛と連帯のモラルによってつくろうとすること、これを強調するためにあえて地域福祉ではなく、公共福祉と呼びたいと思います。

住民と行政が対等の立場にあって公共福祉が実践された例が、日本の地方都市にあります。第二章で述べたドイツの手厚い福祉の町ベーテルは、ヨーロッパ的な地方都市のなかで可能になりました。しかし、以下の長野県茅野市の例は、まぎれもなく日本の人口五万五〇〇〇人の地方都市の出来事です。

茅野市による「パートナーシップのまちづくり」の試みでは何と、「延べ三〇〇回を超える会議が住民と行政の間で行われた」というから驚きます。しかも、住民は手弁当、すなわちボランティアです。民主主義という面からいっても、これぞまさに日本版の熟議民主主義であります。筆者がこれをあえて公共福祉の例と呼ぶのは、これを推進した福祉21茅野代表幹事土橋善蔵の言葉です。

「そこで相寄って話し合うなかで、今の日本があまりに個人主義的な世の中になり、他人を思いやったり、人の命の尊さに対する心が稀薄になってきたことが指摘されました。その根底にはこれまでの教育の誤りがあるのではないか？　という意見もありました。〝昔はよかった〟と言われますが、皆で分けあって支えあって生活していたときに、地域のなかで自然に育まれたものが、今のようなあまりにも便利さを優先させる生活のなかで、他人の生命に対する畏敬の念を欠如した世相を造り上げてきてしまったのではないか。茅野市のなかで〝支えあう心〟や〝他人を思いやる心〟をどうしたら取り戻せるかを皆で考え、市民参加で支えあう福祉のまちづくりを創造していこうと「福祉21茅野」の第一歩が始まりました(1)」

「共に支えあう」モラルがある、そういった市民運動であることがはっきりとわかります。是非、ここに紹介しておきたいと思います。

一九九六（平成八）年、「茅野市の21世紀の福祉を創る会」が生まれました。医師やボランティアなど市民が議論に参加し、一九九九（平成一一）年二月に市独自の地域福祉計画（福祉21ビーナスプラン）をつくり上げました。茅野市のスタートは二〇〇〇（平成一二）年六月に改称・改正された社会福祉法を完全に先取りしていました。つまり同法では「地域福祉」に関して住民参加が求められており、同時に行政がこれを積極的に取り入れる義務があることが謳われています（第四条、第一〇七条）。

茅野市では地域福祉の実践について、よくあるように、行政が形ばかりの「計画書」を書くのではありませんでした。むしろ住民への「支援」、住民が地域のなかで自立生活を営むための支援に徹していたのです。
成功の三つの力が背景にありました。①諏訪中央病院と地元の医師会を中心とした在宅医療の実践やその実現に向けた保健・医療・福祉の関係者の力がある。すでに地域ケアを進めてきていた。②一九九

社会福祉法第四条

「地域住民、社会福祉を目的とする事業を経営する者及び社会福祉に関する活動を行う者は、相互に協力し、福祉サービスを必要とする地域住民が地域社会を構成する一員として日常生活を営み、社会、経済、文化その他あらゆる分野の活動に参加する機会が与えられるように、地域福祉の推進に努めなければならない」

社会福祉法第一〇七条

「市町村は、地方自治法第二条第四項の基本構想に即し、地域福祉の推進に関する事項として次に掲げる事項を一体的に定める計画を策定し、又は変更しようとするときは、あらかじめ、住民、社会福祉を目的とする事業を経営する者その他社会福祉に関する活動を行う者の意見を反映させるために必要な措置を講ずるとともに、その内容を公表するものとする」

五（平成七）年に誕生した新市長をリーダーとして新しい自治体づくりに取り組む行政職員の力がある。特に「福祉・環境・教育」の生活ソフト三分野を重点課題として、民間主導・行政支援によるパートナーシップの町づくりを推進している。③ボランテイアや市民活動を実践しながら地域づくりを進める市民の力が結集されている。自分たちの夢「みんな同じ空の下」を実現していくことを目標に「福祉21茅野」を組織母体として検討組織三委員会一三部会が設置された。これにより直接的に計画策定にかかわる市民の数は延べ二〇〇人を超えたといいます。

人々の生活世界を具体的に「生活圏の構造化」として第五層まで分類した。一番広い諏訪広域圏を第一層として、茅野市全域を第二層、「保健福祉サービス地域（エリア）」を第三層、おおむね小学校を単位とする第四層、公民館分館（集落）を単位とする第五層（実際は〝ご近所〟単位の第六層までも可能でしょうが、そこまでは本書では記されていません。五〇家族くらいの単位での〝ご近所〟が地域福祉としては最も有効に機能する、という研究もあります）。

そのうえで、それぞれの層のなかでの保健福祉サービスの機能と役割を明確にした。第三層の「保健福祉サービス地域（エリア）」で、ニーズ調査や社会資源などを詳細に検討した結果、市内を四つの生活圏として位置づけたが、実際はどんな区切りにするか住民の生活感情が最も揺れたところだった。そこではケアマネジメント・システムを基盤に据え、住民参加を基本とした福祉コミュニティを形成していく生活圏として位置づけられていた。

さらに、これらを実施していくために、計画実施の初年度にあたる平成一二年度を「地域福祉元年」

として位置づけ、行政における保健福祉組織も従来の縦割りだった課体制を統廃合し、一つの基幹保健福祉サービスセンターと四エリアの保健福祉サービスセンターをおいた。センターでは、①子ども・家庭支援センター、②地域障害者自立生活支援センター、③福祉用具活用センター、④生涯学習部門推進機構等、⑤健康管理センター、⑥行政・社協の地域福祉推進中央機能、⑦ボランティア・市民活動センターの業務を総合的にこなしている。

また、障害児の母親から「障害児の場合、産まれてから一八年の間に多くの窓口を転々とする。保健、教育、福祉といわれても、将来にわたって見通しのある相談がどこにもできない」という声があがった。そこで学校教育と児童福祉が一体となって一人の子どもと家庭を支援していくために、児童福祉行政と教育委員会が一元的に計画策定に取り組んだ。さらに、児童虐待やいじめ、外国籍の親子、不登校などの課題に取り組むために「教育福祉計画」を策定し、庁内で教育長を本部長とする策定推進組織が立ち上がった。

これら意欲的な試みは、一つのモデル・ケースとして大いに研究に値します。まさに市民自らの「活動」と「参加」により、福祉でまちづくりに成功した例です。人口五万五〇〇〇人というのは一つの目安となるでしょう。

ケアワーカーの人格が鍵

児童虐待やいじめ、外国籍の親子、不登校などは戦後の急激な高度経済成長を遂げた日本独特の課題でありますが、同時に急激な高齢社会も今後の日本の抱える大問題です。『福祉21ビーナスプランの挑戦』の編者の一人、大橋謙策は別の箇所で次のように述べています。「日本、韓国、中国のように、急激に少子・高齢化が進んでいる国にあっては所得保障を軸にした社会保障では解決できないパーソナル・ソーシャルサービスの整備が今後大きな課題になる。…それは、経済発展との直接的な相関性でとらえられるのではなく、社会システム、社会哲学との関わりの中でより制度設計を考えなければならない課題でもある[2]」。そのために、東アジアの新しい社会システムに必要な〝博愛〟の精神の涵養とその福祉教育の必要性を主張しています。

東アジアでの博愛の精神は、伝統的には儒教や仏教などの大宗教によって育まれてきました。しかし、近代に特有の普遍的な資本主義、市場主義によってほとんど〝洗い流されて〟しまった感があります。すでに述べたように市場主義は「すべてを金銭に換算する自己調整システム」であって、一見、博愛や筆者の主張する友愛などが入る余地がないと思えるからです。しかしこれは、〝一見〟そうなのであって、より詳細な哲学的な分析を経てきた結果は、決してそうではなかったということです。また、茅野市の実践例もそれを示しています。

そこで最後に、筆者の公共哲学の基本にある多層的な階層構造（序章参照）からなる創発的解釈学の見方を、市場や法律（契約）、道徳、倫理（ケアの倫理）に応用してみましょう。

第二章の「国家、市場、家族、そしてＮＰＯ」（一三七頁）でも述べたように、自由主義の「自己利益追求」から社会民主主義的な「市民的美徳」を身につけるレベルがどうしても必要です。そして美徳にとどまらず、友愛を積極的に身につけたいものです。そこから家族愛の拡張であるケア、さらに人々から受ける恩恵への応答としての「ケアの倫理」を自発的に身につけていくことが、今後の福祉教育の課題になるでしょう。

市場を主とする経済社会、法と契約を主とする政治社会を上から〝引っ張っている〟もの、それがモラル、さらには人々の心から出てくるケアし合う友愛の倫理です。これは抽象的な理念の問題ではなく、職業としてのケアワークに具体的に要求される内容であります。

例えば「収益をあげる」のが企業の目的にあっても、モノづくり工場ならともかく、対象が「人」であるケアワークはそうであってはならない、ということです。一般に、「人」を相手にするサービス業の場合、消費者ないし利用者は満足度が高ければ、支払い可能であれば多くの代金を払うでしょう。ここでの問題は介護のような職種の場合、ケア・サービス「企業」としては収益をあげる行動を取るにしても、ケアする対象がモノではなく人間であるのですから、サービスを受けるときに、利用者の感情面や霊性面（平安）での満足度、「活動」や「参加」に出て行ける喜び、というもので評価されるということです。評価されるのはケアワーカーの「友愛」に満ちた人格です。

そして利用者の満足度や喜びは、必ずやケアワーカーに〝はね返って〟くるのです。この〝はね返って〟くるというのは、人を相手にした仕事の非常に重要な点で、しばしば〝喜びをもらう〟というような言い回しにもなっています。システムが人を対象にするときに出てくる「双方向」という、複雑系ならではの特徴です。このようにして、〝喜びをもらえる〟仕事はやりがいがあると、きっと労働者が増えるでしょうし、もし、この方面の労働者が増えれば、その分、労働者の「労働市場での時間」が減り、それによって労働者（ケアワーカー）自身の生活も充実し、相乗効果としてケア現場の満足度があがっていくのです。

企業活動、たとえそれがサービス業であっても、商取引で要求されるモラルと、日常の生活世界で要求されるモラル（美徳という名の道徳）とは異なっていることに注意してください。日常での美徳は対価を要求しないし、もし要求してしまったら美徳とはいえないからです。

しかし、企業活動のほうは対価を要求しなければ成り立ちません。古典的に経済学でいうホモ・エコノミクス（経済人）とは各人が「自己利益を追求する人間」であり、そうであってこそ、マクロに経済現象はうまくいくとされています（ただしこれは一つのフィクションなのですが）。だからサービス業であっても、それが企業活動のなかで行われる限り、日常のモラルとは異なるのです。契約関係で動く商取引に、対価を要求しないモラル（美徳）を持ち込むことは、ある場合には混乱をもたらすことも事実でしょう。企業のコンプライアンス（法令遵守）があっても不十分です。それらを踏まえた上で、さらにそれ以上に、対価を要求しない道徳的なレベルで、そして倫理的な友愛というレベルで〝引っ張られる〟ことが必要である、ということを述べたいのです。別の言い方をしてみましょう。

一般の企業活動ですら、モラル抜きの〝新自由主義〟路線ではすべてがうまくいかないことも明らかになっています（アカデミズム用語では〝モラル抜き〟は〝価値中立〟という言葉で表現されていて、これが今日に行き詰っています）。ましてや、ケア・サービスという「人」を相手にした職種では、単に対価と表現されるレベルで終わらないものが確実にあるということでした。ケアワークを人間の尊厳を守る職種として成立させるものは「やさしさ」という美徳以外に何か、ということです。

特にケア・サービス企業に期待されるのは、クライエント（利用者）に与える満足度と喜びです。クライエントの満足度と喜びが高くなるためには備品や道具ではなく、どうしても接するケアワーカーの人格を通すことが必要です。利用者が生活現場で、意味の多層的な階層構造の全体の整合性のなかで生きていることを理解できるハートとアート（技能）、これをもったケアワーカーが養成されねばなりません。

そしてこのハートとアートは友愛から出ます。つまり、「やさしさ」という道徳的階層から「愛」という倫理的階層に進むことです。もちろん「厳しさ」という道徳的階層もありえますが、「厳しさ」の道徳は教師には課されてもケアワーカーには課されないでしょう。母親のやさしさと父親の厳しさはともに親の愛から発しています。「愛」は世界の大宗教が必ずや説いていたものでした。仏教の「慈悲」も儒教の「仁」もそうです。このように友愛に満ちた社会の形態は、市場社会、政治社会、そして市民社会へと創発の度合いが上がっていることでしょう。

東アジアの伝統を活かして

儒教の「仁の心」は家族愛が基本で、そこから広く「仁愛」となっていきます。同時に儒教の「徳治主義」が加わって政治とともに働くことが、特に、日本の儒教福祉の特色でした。それが国家システムに組み込まれた場合に、例えば戦前の天皇による慈恵主義となったわけです。しかし仏教の「慈悲の心」には、さらに個人レベルの深みがみられます。

仏教からの福祉には日本に長い伝統があり、これについては吉田久一の研究書が詳しく記しています。何よりも「慈悲」の心は出発点になります。「慈」は慈しみによる友愛、「悲」は他者の苦に同情し、それを救済するという語義から「自他不二」が特徴です。そこでの「慈悲」は、「主体」と「対象」は相関というよりも、循環の関係にあるということで、介護労働の現場に活かされれば、単にワーカー、クライエントの関係ではなくなります。まさにお世話することが「喜びをもらう」ことになっていくのです。「生老病死」と人間の「苦」や「慈しみ」を担う共同体形成にこそ、仏教の特色がありました。共生・共存・共感・共有が仏教福祉の特色であり、今後、特に日本の各地にある寺院が中心になって、地域福祉が営まれることが大いに期待されます。仏教の「縁起相関」や「共存性」は重要ですが、近代福祉の「自立」や「自律」という考え方を吸収しながら、「共存」を実現していくことが必要になっています。

仏教福祉の分野で、このような近代福祉への先駆的な働きをした人に長谷川良信がいます。大正デモクラシーの社会事業成立期のなかで、「報恩行」を掲げた渡辺海旭、「連帯共同」を掲げた矢吹慶輝とともに、大きな貢献をしました。長谷川良信は「感恩奉仕」をモットーに一九一八（大正七）年、東京巣鴨で、宗教大学社会事業研究室の学生とともにセツルメントをはじめました。神戸でスラムに飛びこんで救貧活動を始めた賀川豊彦と軌を一にする働きで「西の賀川」、「東の長谷川」と称されたりもしました。

その後、シカゴ、ベルリンに留学し、アメリカ型の機能的社会事業と、ドイツ型の社会政策を学びました。同時に敗戦後は、彼の主催するマハヤナ学園内に児童福祉法による養護施設を創立し、国家再建の道は社会事業・教育・宗教の三者一体にあると確信したのでした。ただし、あくまでも民間の手で進めることを強調しています。

長谷川の社会思想の基礎は「社会共済」「共済互恵」「衆生報恩」等の大乗仏教にありました。早くも、一九一九（大正八）年出版の『社会事業とは何ぞや』で次のように書いています。

「現今の時難に鑑みて、労働者不遇の位置を擁護する為に資本家の横暴を制することは正しくその任であらねばならないが、そは即ち人道的公正精神（デモクラシー）に基き、天命によって之を為すので、当然為すべきを為すに過ぎぬのである。吾等は眼中資本家なく、労働者なし、生々進化の当体たる渾一社会あるのみである。何事も社会共同の福祉を念として運びたい。(3)」

そこには近代思想やキリスト教からも学ぶ強い意志が読み取れます。彼はロンドン郊外にセツルメントをつくった、アーノルド・トインビーを深く敬慕していたといいます。ちなみにセツルメントを「隣保事業」と翻訳したのは長谷川でした。

今後、日本、より広くは東アジアの伝統を活かしつつ市民的モラルと友愛を創りあげるにはどうすればよいか。第三章で「契約」とは商取引の契約ではなく、むしろ社会契約論的な「信託」であり、公共信託論が神、仏、天からの市民への委託を促している、と述べました。受託者（福祉実践者）と受益者（市民）の間で隣人愛、慈悲の心、仁の心が通い合う福祉にしていきたいということです。

東アジアの伝統はいかなる役割を果たすべきか。筆者は「和」を尊ぶ日本思想をもう一度根底から考え直すことが必要だと考えます。日本の歴史のなかに順次入ってきて、多層的・多元的に存在する儒教の「仁」、仏教の「慈悲」、キリスト教の「隣人愛」に基づいた市民的美徳の醸成です。最後にそのデッサンを示しましょう。

「君子は和して同ぜず」

異質な「他者」と対話し共存していくには、自我において「寛容」の徳目を身につけることが大切でしょう。自我において「自然的な自我」からの転換が必要です。この「自我の転換」を筆者は「自我の再生」（ルネサンス）と呼んできました。「自我の再生」は伝統的な宗教（仏教、儒教、キリスト教、イスラーム教、ヒンズー教、神道など）のスピリチュアリティが導く「回心」「覚醒」の体験でしょうし、そこから他者への「寛容」の徳目は必ずや教えられているはずです。いや、教えられねばなりません。市民社会は、それぞれの宗教や人文主義が多元的に教育を通して、この「寛容」の美徳を育むエートスを与えることを期待します。

異質な「他者」のグループとの間に、それぞれ領域主権を強調し、そのうえで対話によって「和」を尊重する、これが公共圏におけるルールとなります。

ここでは、東アジアの「和」の思想の伝統が活かされるべきでしょう。『論語』の「和して同ぜず」は「和」が「同」にならないことを強調します（君子和而不同、小人同而不和）。人々は同じにならなくてもよい、異質な「他者」と共存するが、しかし、対話を通した調和を求めようとします。『禮記《らいき》』や日本の聖徳太子の「十七条の憲法」の「和をもって貴しとなす」（以和為貴）もこれを目指したはずでした。

「十七条の憲法」（六〇四年）は、日本で最初のまとまった「国のかたち」を示した文書ですから、日本最古の政治哲学といえるかもしれません。この「和」が平和を意味するのであれば、「平和をもって貴しとなす」と切り出す十七条の憲法は、今日の日本国憲法の平和主義とその精神において同じ、ということになるではありませんか。平和と共生、これこそ二一世紀の国の形であるべきです。

「十七条の憲法」第三条に「詔《みことのり》を承《うけたまわ》りてはかならず謹め。君《きみ》をば天とす。…君言《きみのたま》うときは臣承る。上《かみ》行うときは下靡《なび》く」とあります。天皇中心の国家づくりの宣言とも読めますが、実際には合議制を重んじているという解釈もあります。当時の豪族たちが争っていた世の中に、まずは争いをやめて平和による国づくりをすべし、という国家理想をもってきたわけです。平和の和、和解の和、調和の和です。

しかし、このモチーフが誤って用いられれば、「和」は馴れ合い主義、真偽をあいまいにする、真理を覆い隠して上に従順となる、という方向に行ってしまいます。日本の歴史での「和」はどうもこの後者のイメージが強く、「十七条の憲法」もこうしたイメージによって規定されてきたのではないかと思われます。特に戦後は、戦前の天皇絶対イデオロギーへの反動もあって、それが強かったのでした。

しかし、「十七条の憲法」の第一条の「和をもって貴しとなす」の「和」と第一〇条の「人の違うことを怒らざれ」の「違い」とを合わせて考えるときには必ずしもそういう方向にはいきません。特に、論語の「和して同ぜず」という「和」の意味で捉えるならば、どうでしょう。そうすると、意見が違っていて同じでなくてもよい、よく話し合ってそこに調和をもたらす努力をせよ、という意味になってきます。

無理に同じにしなくてもよい、同化することなく、異なる意見を尊重せよ、ということであれば、「和をもって貴しとなす」は、極めて新たな意味を帯びてきます。論語で「同じて和せず」となるとこれは小人のすることで、何でもかんでも自分と同じようにさせる幼稚なやりかた、とされています。その逆に君子は「和して同ぜず」、異なる他者の意見を聞き、同じにしなくてもよい、しかし異なる他者との間に対話を通して調和をもたらす、そのような知恵に満ちた行動をとる。こういうことです。対話による調和、これは斬新でスリリングに満ちた解釈です。

「和をもって貴しとなす」をこう解釈していくならば、日本思想の伝統は新たな視点から活かされてくる可能性があります。

そしてさらに「十七条の憲法」の第九条に着目したいと思います。「信はこれ義の本なり。事ごとに信あるべし。それ善悪成敗はかならず信にあり。群臣ともに信あるときは、何事か成らざらん。群臣信なきときは、万事ことごとくに敗れん」。ここで、「信」や「義」は儒教の徳目（仁、義、礼、智、信の五常）でした。「信」には人間どうしの信頼関係・誠実さの意味があります。ただ第二条に「篤く三宝を敬え。三宝とは仏と法と僧なり」とあって仏教の高い位置づけがありますから、それを考慮することが必要でしょう。そうすれば、「信」には人間関係という水平関係の信頼と同時に、人間を超えた「仏」や「超越」への垂直な方向への、いわば信仰の「信」も含んでいるとみてよいでしょう。

すでに日本では、論語をはじめとした儒教と、さらには仏教を取り入れ、それに加えて先祖の神祀りである神道もありました。したがって神仏儒の重層的、多層的な宗教的信仰の「信」を重んじたという解釈も可能です。これは「十七条の憲法」の新たな時代に対処した多元主義的な解釈です。「信はこれ義の本なり。事ごとに信あるべし」と。従来のように、天皇中心に、天皇に従属した滅私奉公に沿った解釈ではない解釈です。

日本の「国のかたち」がスタート時点で、このような神仏儒の多元的な宗教の共存があり、しかも国の指導者と民とが協力して、平和と和解と調和を理想とする社会を形成しようとしたはずだ。こういった捉え方は、実に創造的ではないでしょうか。しかも、朝鮮半島からの文化流入、遣隋使を通しての中国との交流という展開のなかで、日本が聖徳太子という指導者を通して、自らつくりあげていったグランドデザインです。磨きをかければ、今日のグローバル時代にも通用する普遍思想にもなっていく可能性があります。

さて、聖徳太子以後の日本の歴史は、「神仏儒の習合」という一元的同化の方向に振れるのか、それとも逆に「神仏儒の重層」という多元的共存の方向に振れるのか、そのどちらかであったように思われます。習合（シンクレティズム）か重層（プルーラリズム）か。戦国時代には新たにキリシタンも入ってきましたから（一五四九年）、重層性はさらに増します。神道の神のみならず、キリスト教の神も加わり、アジア史のみならず世界史にも連結され、日本思想の重層性、多元性はさらに豊かになりました。当時、キリシタン宣教師ヴァリニャーノなどは「日本の民衆はなんと礼儀正しいことか、ヨーロッパ民衆などよりずっと優れている」と書いているほどです。

明治近代には開国による国際社会との交流によって多元性、多様性はさらに増しました。第二の開国といわれた敗戦後はいうまでもありません。日本とはこのように世界中からさまざまな思想が流入し、織りなす重層的な社会だったのです。日本文化の質の高さ、強さはここに由来していたはずです。

二一世紀日本は、この貴重な日本の伝統を受け継ごうとするのか、それとも欲望追求の市場主義と競争的原理のなかで、ますます命をすり減らす方向をとるのか。すべては今後の市民の自覚的判断にかかっている、こういえるのではないでしょうか。

●引用文献

(1) 土橋善蔵・鎌田實・大橋謙策編集代表『福祉21ビーナスプランの挑戦――パートナーシップのまちづくりと茅野市地域福祉計画』中央法規出版、二〇〇三年、はじめに
(2)「日本社会福祉学会第五七回全国大会・予稿集」二〇〇九年、三五頁
(3)「社会事業とは何ぞや」『長谷川良信選集 上』大乗淑徳学園出版部、一九七三年、一三四頁

●参考文献

・土橋善蔵・鎌田實・大橋謙策編集代表『福祉21ビーナスプランの挑戦――パートナーシップのまちづくりと茅野市地域福祉計画』中央法規出版、二〇〇三年
・吉田久一『社会福祉と日本の宗教思想――仏教・儒教・キリスト教の福祉思想』勁草書房、二〇〇三年
・ヴァリニャーノ、松田毅一ほか訳『日本巡察記』平凡社、一九七三年
・岡野守也『聖徳太子「十七条憲法」を読む――日本の理想』大法輪閣、二〇〇三年
・金谷治訳注『論語』子路篇第一三章「君子和而不同、小人同而不和」岩波書店、一九九九年
・「日本文化の重層性」については、和辻哲郎「日本精神」(『和辻哲郎全集第四巻』岩波書店、一九六二年)、黒住真『複数性の日本思想』ぺりかん社、二〇〇六年を参照。

あとがき

本書の原稿をすべて書き終えたあとに政権交代が起こった。二〇〇九（平成二一）年八月末の総選挙は、有権者の意識がこれまでと大きく変わり、日本社会の明確な転換を告げ知らせた。本書の出版が遅れたことを幸いに、政権交代というビッグニュースの意味を本文に挿入することができた。

新たに鳩山内閣が発足した。鳩山首相は二〇〇九（平成二一年）年九月の所信表明演説と三か月後の施政方針演説で、「新しい公共」と「友愛政治」「いのち」をスローガンに掲げた。戦後の政党政治の首相としては――現実政局はともかく――、めずらしく高い政治理念を掲げている。これら政治理念は、筆者が本書で記した内容と多く重なり合うものをもっている。特に、第二章の「友愛思想の原点」や第三章「公共について考える」はそうであろう。しかしながら、表面上の類似点があるにもかかわらず、「公共」についても「友愛」についても内容がかなり違う。

以下、二〇一〇（平成二二）年一月二九日の鳩山首相施政方針演説の内容を、本書との接点で、内政に限って要点を取り上げて論評してみる。

同内閣が一丁目一番地と掲げる「地域主権」は、それを掲げるだけでなく、現実に中央からの権力委譲と財源確保を実践しなければ、絵に描いたモチになってしまう。また「自立と共生を基本とする人間らしい社会を築き、地域の絆を再生するとともに、肥大化した『官』をスリムにすることにつなげる」

ことを強調するのは大いに結構なことだ。ただ、この「新しい公共」の首相演説の実践は、公私協働によってしかできない。そして、「私」の側が率先してそれをするためには、NPO等の「寄付税制」の確立だけではなく、市民活動のための時間が生み出されなければならない。それは、企業での男女共なる雇用の確保と同時に、労働時間の短縮をしなければ実現しない。いわゆるワークシェアリングが当たり前の社会になるには、市民の間に「友愛」のモラルが不可欠だ。これはもはや政治によってはいかんともしがたく、市民の自覚した教育によるしかない。ただ、政治はその法的整備をすることができるはずだから、それをやらなければ政権交代の意味は半減する。

「子育てを社会全体で応援する」、また「一人暮らしのお年寄りが、誰にも看取られず孤独な死を迎えることを防ぐ」と言うが、そのためには、これまた社会保障制度といった「制度」面のインフラ整備と同時に、地域のネットワークが欠かせない。このコミュニテイ形成にも「連帯」と「友愛」のモラルと、そのための教育が必要だ。地域主権と民間中間集団の自律性の両方を包含する「領域主権」という考え方、これを主張してきた筆者としては、市民の側の自治が今まで以上に必要となっていると感じる。そうでなければ「政治主導」「お上主導」の形で友愛社会をつくる、などといった本末転倒な発想になってしまい、次の政権交代とともに、すべては元の木阿弥に帰するということになりかねない。

本書は、こういった問題群への公共哲学的省察と提言である。総じて、国家から二一世紀入り口の市民社会がいかに創発してくるか、その試みである。筆者が、雑誌「時の法令」（雅粒社刊）に二〇〇七（平成一九）年四月から二〇〇九（平成二一）年三月までの二年間（二四回）にわたって連載した「『公共』を考える」がもとになっている。この連載の福祉関係のものを中心にして、大幅に改編・修正・加筆を行っている。また、筆者がこれまで多くの研究者とともにかかわり研鑽してきた、公共哲学京都フォーラムとその出版シリーズ『公共哲学』全二〇巻（第三章参考文献冒頭参照）の成果を踏まえつつ、これを日本の福祉の分野に適用したものである。

本書が成るにあたり、実に多くの方々にお世話になった。ここで一人ひとりの名前をあげることはできないが改めて感謝申し上げたい。特に、阿部志郎氏（神奈川県立保健福祉大学名誉学長）からは「福祉の心」を教えられた。河幹夫氏（同大学教授）は、福祉の構造改革の背後にある法哲学的意味を筆者に悟らせてくれた。河氏との討論にはいつも啓発されてきたし、出版に際しても中央法規出版を紹介していただいた。同出版企画部の日高雄一郎氏には編集作業とともに、いろいろと貴重なご意見をいただいた。また、東京基督教大学で、共に研鑽し、共に福祉専攻学科の立ち上げに労した同僚の方々には、心より「ありがとう」と申し上げたい。

稲垣久和

●著者紹介

稲垣久和（いながき　ひさかず）

東京基督教大学教授、国際キリスト教福祉学科長。専攻は公共哲学。1947年東京生まれ。1975年東京都立大学大学院博士課程修了。アムステルダム自由大学哲学部・神学部研究員、客員教授を歴任。1990年より現職。著書に『公共の哲学の構築をめざして』(教文館)、『宗教と公共哲学』(東京大学出版会)、『宗教から考える公共性』(共編、東京大学出版会)、『靖国神社「解放」論』(光文社)、『国家・個人・宗教―近現代日本の精神』(講談社現代新書) など多数。近年は、アカデミズムと市民的実践を結び付ける公共哲学運動に精力的に取り組んでいる。日本基督教学会理事、比較思想学会評議員、ＮＰＯ公共哲学研究会共同代表など。

公共福祉という試み
——福祉国家から福祉社会へ

2010年5月20日　発行

著　者　稲垣久和
発行者　荘村明彦
発行所　中央法規出版株式会社
〒151-0053　東京都渋谷区代々木 2-27-4
販売　TEL 03-3379-3861　FAX 03-5358-3719
編集　TEL 03-3379-3784　FAX 03-5351-7855
http://www.chuohoki.co.jp

印刷・製本　株式会社太洋社
装幀・本文デザイン　KIS 有限会社

ISBN978-4-8058-3297-4

定価はカバーに表示してあります
落丁本・乱丁本はお取替えいたします